Jonathan Schnitt

FOXTROTT 4

Jonathan Schnitt

FOXTROTT 4

SECHS MONATE MIT DEUTSCHEN
SOLDATEN IN AFGHANISTAN

C. Bertelsmann

MIX
Papier aus verantwortungsvollen Quellen
FSC® C014496
FSC
www.fsc.org

Verlagsgruppe Random House FSC-DEU-0100
Das für dieses Buch verwendete
FSC®-zertifizierte Papier *Munken Premium Cream*
liefert Arctic Paper Munkedals AB, Schweden.

1. Auflage

Umschlaggestaltung: R·M·E Roland Eschlbeck
und Rosemarie Kreuzer
Bildredaktion: Dietlinde Orendi
Satz: Uhl + Massopust, Aalen
Druck und Bindung: GGP Media GmbH, Pößneck
Printed in Germany
ISBN 978-3-570-10130-8

www.cbertelsmann.de

Alles, was wir sehen, ist eine Perspektive, keine Tatsache.
Alles, was wir hören, ist eine Meinung, nicht die Wahrheit.

Mark Aurel, römischer Kaiser

Inhalt

Glückwünsche und gelbe Wasserkanister 11
Embedded oder »tief integriert« 14
Der Afghanistan-Krieg der Bundeswehr 17
»Trockenübung« vor dem Einsatz 22
Dominic Schellenberger – Interview 23
Ein Zivi auf dem Dingo-Dach 29
Hannover – Termez 32
Termez – Kunduz 34
Schulstunde für Anfänger 38
Foxtrott 4 41
Einschießen bei 55 Grad.............................. 46
Jan-Uwe »Juwe« Schröder – Interview 53
Der unsichtbare Feind 56
Erste »Raumverantwortung« 60
Coca-Cola, Marlboro und Heckler & Koch 65
Tee und Fladenbrot 68
Schura und die Geschichte vom Pferd................ 74
Kunduz – Hamburg – Kunduz......................... 80
Foxtrott 4 auf Höhe 432 84
Monotonie mit Sockenwäsche 100
Ehrenhain und Staubwolken.......................... 107
Neutralität als »tief integrierter« Journalist? 112

Schwarzer Freitag 116
Die Pick Ups von Isa Khel 121
Teamarbeit mit Blechkuchen 129
Heimweh-Skizzen 133
Matthias Chill – Interview 135
Ende einer Grillparty 138
Kunduz – Hamburg – Kunduz 144
Plastikplanen über dem Safe House 146
Präsenz zeigen 151
Mit der ANP in Nawabad 153
Kameradschaft und was sonst noch zählt 157
Talib oder nicht Talib? 163
So nah und doch so fern 171
Ehrungen zur Heiligen Nacht 175
Neujahrskater 180
Noch 18 Tage 185
Goldene Fahrt 188
Daniel »Gina« Wild, zehn Tage vor der Heimreise –
Interview 189
Abschied 192
Alles, was wir sehen, ist eine Perspektive,
keine Tatsache 196
Foxtrott 4 nach dem Einsatz 209

Dank 211
Register 213
Bildnachweis 221

Oktober 2010. Anruf Oberstleutnant Siegfried Houben aus dem Presseinformationszentrum des Heeres: »Guten Tag, Herr Schnitt. Ich nehme an, Sie haben in Hamburg eine gemütliche, saubere und warme Wohnung ...?«

»Doch ja, ich kann nicht klagen ...«

»Schön. Genießen Sie das noch. Sie werden sich nämlich demnächst ziemlich umstellen müssen. Sie sind an Bord. Für ein halbes Jahr als Journalist bei den deutschen Soldaten in Afghanistan. Ihre Einheit ist die 3. Kompanie des Panzergrenadierlehrbataillons 92 aus Munster. Panzergrenadiere, Kampfkompanie. Ab Juli 2011 sind Sie mit dieser Einheit in der Region Kunduz. Na dann: Glückwunsch!«

Glückwünsche und gelbe Wasserkanister

Provinz Kunduz, Nord-Afghanistan

Ein Jahr und einen Monat nach diesem Telefonat stehe ich mit deutschen Soldaten morgens um 8 Uhr an einer Brücke in Nord-Afghanistan. Die Brücke führt über ein ausgetrocknetes Flussbett und ist noch im Bau. Temperatur: 45 Grad. Und natürlich trage ich eine schwere Schutzweste samt Helm wie die anderen Männer um mich herum. Alles Soldaten der Bundeswehr im Auslandseinsatz.

Ich bin »embedded« bei der sogenannten Task Force Kunduz und habe einen Platz auf dem Dingo mit der Funk-Bezeichnung »Foxtrott 4« – also dem vierten Fahrzeug des Foxtrott-Zuges. Die Soldaten sollen an diesem Morgen den Fortschritt am Bau einer Brücke untersuchen und im Anschluss daran eine Patrouille durchführen. Die Bauarbeiten laufen schleppend, die afghanischen Vertragspartner haben die Vorgaben der Deutschen nicht eingehalten. Der Ingenieur der Bundeswehr bemängelt die Bauweise. Die afghanischen Bauarbeiter begreifen nicht, was er meint, und verweisen auf den Bauleiter. Worte werden ausgetauscht, doch verstehen tun beide Seiten sich nicht. Die Stimmung ist gereizt. Deutsche Gründlichkeit trifft auf afghanische Improvisation, deutsches Wunschdenken auf afghanische Realität. Nicht das erste Mal und nicht das letzte Mal in diesem Einsatz. Heute am Beispiel eines zivilen Aufbauprojekts.

Mitten hinein in die Besprechung rauscht es aus dem Funkgerät von Oberfeldwebel Schröder: »Mögliche IED im Bewässerungsgraben hinter uns.«

IEDs sind »Improvised Explosive Devices«, selbstgebaute Sprengfallen. Erst ein paar Minuten ist es her, da hat unser Zug mit allen Fahrzeugen die Fundstelle passiert.

Nun hat der Pionier des Zuges in einem Abwasserrohr einen gelben Wasserkanister entdeckt. »Wahrscheinlich wirklich nur ein Wasserkanister, dann war der Aufwand mal wieder umsonst. Aber untersuchen müssen wir es … Ich hasse gelbe Wasserkanister!«

IEDs, diese verborgenen oder als harmloser Abfall kaschierten Sprengfallen, sind derzeit die größte Gefahr für die Soldaten in Afghanistan. Einerseits habe die Situation sich beruhigt, sagt Kompanie-Chef Hauptmann Schellenberger, andererseits verschärft: »Vor einem halben Jahr herrschte bei den Vor-Vorgängern noch beinahe tagtäglich hochintensives Feuergefecht vor. Das haben wir heute nur noch sehr selten. Dafür setzen die Aufständischen jetzt viel mehr IEDs ein. Immer aus der Deckung heraus, das macht eine Aufklärung in dem Bereich so schwer.«

Vergraben, versteckt, schwer zu entdecken, leicht herzustellen – geringer Aufwand, schreckliche Wirkung. Die meisten Verwundungen und Todesfälle deutscher Soldaten gehen auf den Einsatz dieser selbstgebauten Sprengsätze zurück.

Über Funk ruft Schellenberger die Sprengstoffbeseitiger, die sogenannten EODs *(Explosive Ordnance Disposal),* aus der drei Kilometer entfernten Polizeistation von Chahar Darreh. Dort ist der deutsche Außenposten, in dem wir seit acht Tagen und Nächten leben. Die Soldaten räumen die Umgebung des Fundorts, ein ausgetrockneter Bewässerungsgraben am Rand einer Staubpiste.

Nach einer Viertelstunde treffen zwei Kampfmittelbeseitiger in ihrem Fuchs-Transportpanzer ein. »Falls es wirklich nur ein Kanister ist – tut mir leid«, sagt der Pionier. Die EODs winken ab. Ran an die Arbeit. Einer der beiden klettert in den Abwassergraben, in dem die Sprengfalle liegen soll. Der andere steht hundert Meter entfernt und hält Funkkontakt. Wir, die Soldaten und ich, stehen weit entfernt. Die EODs arbeiten immer so: in einer menschenleeren Blase. Sie gelten unter den Soldaten als die Verrückten. »Verrückt ist der, der nicht weiß, was er tut«, so sehen die EODs das.

Der Erste von ihnen taucht wieder aus dem Graben auf: »Definitiv eine IED.« Der Zweite funkt die Meldung weiter: »Wir haben eine IED im Wassergraben.« Die Blase um die beiden jungen Männer wird nun noch etwas größer.

Warum der Sprengsatz nicht explodiert ist, als wir mit den Fahrzeugen vorbeifuhren? »Keine Ahnung«, sagt der EOD: »Könnte an den Schutzmaßnahmen am Auto liegen, oder der Typ am Auslöser hat verschlafen. Wir werden das Ding jetzt entschärfen und dann sprengen.« Kleine Pause. »Da haben wir aber heute alle ein Scheiß-Glück gehabt.«

Die Detonation ist gewaltig: Gesteinsbrocken fliegen herum, Erdballen, Staubwolken. Hätte unser Dingo-Radpanzer dem standgehalten? Keiner von uns spricht die Frage aus, die in unseren Köpfen umgeht: Was wäre gewesen, wenn …

Embedded oder »tief integriert«

Hamburg, Deutschland
7600 und ein paar mehr Kilometer sind es von Hamburg, wo ich lebe, nach Kunduz. Warum fahre ich über Sprengfallen, die – »Scheiß-Glück« – heute nicht explodiert sind? Ich bin kein Soldat, war nicht einmal beim Bund. Ich habe als Zivi auf einem Ökobauernhof mit Behinderten gearbeitet. Warum zum Teufel bin ich also hier?

Weil ich wissen will, was genau die deutschen Soldaten in Afghanistan machen, wie im Einzelnen ihr Alltag hier abläuft und weil ich erfahren will, ob sie sich – so wie ich – fragen, warum sie in diesem kargen Land sind.

Über ein Jahr lang hat sich unser Team bemüht, eine Genehmigung für dieses Projekt zu bekommen. Nach vielen Gesprächen in Bonn, in Berlin und in Munster kam endlich die Zusage. »Eine Zensur findet nicht statt, die journalistische Freiheit wird gewahrt», sagte man uns. Im Gegenzug sicherten wir dem Ministerium und den Soldaten zu, »sensibel« zu filmen und Vertrauliches als solches zu behandeln. Das war auslegbar und würde sich im Praxistest beweisen müssen. Damit stand unser Projekt: den sechsmonatigen Einsatz einer Bundeswehr-Einheit in der Region Kunduz langfristig und aus der Nähe zu begleiten. Sich vor Ort ein Bild zu machen und es in diesem Buch und dem Film »Foxtrott 4 – sechs Monate Afghanistan« an Leser und Zuschauer weiter zu geben.

Am 1. Juli 2011 soll ich mit einer Gruppe deutscher Soldaten nach Afghanistan verlegt werden: 180 junge Männer und Frauen zwischen 19 und 34 Jahren. Die Panzergrenadiere aus Munster (Lüneburger Heide, Niedersachsen) ziehen für sechs Monate in den Krieg – und ich fahre mit. Ich werde das Gleiche essen wie die Soldaten, werde neben ihnen schlafen, mit ihnen auf Patrouille fahren, mit ihnen schwitzen und frieren und, vermutlich, auch Angst mit ihnen haben. Das halbe Jahr in Kunduz ist Thema dieses Buches.

Insofern ist die Erzählperspektive eine distanzlose Perspektive – es ist die der Soldaten. In Hamburg oder München oder Straubing lesen wir im Sessel oder am Küchentisch über sie und ihren umstrittenen Einsatz in der Zeitung. Oder wir sehen sie auf dem TV-Bildschirm im Hintergrund, wenn die Kanzlerin oder der gerade amtierende Verteidigungsminister ihnen einen Besuch im Feldlager Kunduz oder Mazar-i Sharif abstattet. Alles weit weg für uns, und alle irgendwie so adrett in Uniform und militärisch-strammer Haltung.

In diesem Buch sollen die Soldaten in der ersten Reihe stehen. Im Vordergrund. Mit allem, was dieser militärische Einsatz von ihnen an persönlichem Einsatz verlangt, wie er sich für sie anfühlt und was er mit ihnen macht. Von all dem haben die, die in ihrem sicheren Zuhause sitzen – Familien, Landsleute, ich und auch die meisten Politiker – noch heute, zwei Jahre vor dem geplanten Abzug der deutschen und aller alliierten Kampftruppen in Afghanistan, wenig Ahnung. Das möchte ich ändern.

Und deshalb soll dies kein Feldlager-Report werden. In den sechs Monaten, in denen ich sie begleite, werden die Soldaten immer wieder außerhalb des Camps Stellung beziehen und dabei unter primitivsten Bedingungen leben und ihren Dienst tun – Hitze, Staub, Ungeziefer, Gestank, ein Rucksack für das Nötigste und ein Feldbett als Schlafplatz.

Was sie erleben, fühlen, denken, vermissen, will ich miterleben und mit ihnen darüber reden. Sie werden körperliche und psychische Hochs und Tiefs durchstehen müssen – mir wird es ähnlich ergehen. Sie werden ihren Job tun in diesem Krieg in Afghanistan – ich werde diesen Job beschreiben.

Deshalb bin ich »eingebettet« oder, auf Englisch, »embedded«. Diesen Terminus schätzt man bei der Bundeswehr nicht besonders, vielleicht klingt er zu sehr nach Daunenkissen, also bin ich nach offizieller Sprachregelung »tief integriert«. Aber derlei Wortklaubereien spielen für mich und die Soldaten keine Rolle. Ich wurde einer Einheit der Task Force Kunduz zugeteilt. Meine nächsten Bezugspersonen bildet eine Gruppe aus vier Soldaten und einem Gruppenführer. Sie stellen die Besatzung eines Dingo-Radpanzers, Funkname des Fahrzeugs im NATO-Alphabet: *Foxtrott 4*. Insgesamt fünf solcher Fahrzeuge bilden den Foxtrott-Zug der 3. Kompanie. Ihr Auftrag: den Norden Afghanistans durch Patrouillen zu sichern und ihn durch Aufenthalte auf Außenposten und Patrouillen langfristig zu stabilisieren. Nur in ihrer »Freizeit« hält sich die Besatzung des Foxtrott 4 im Feldlager Kunduz auf.

Der Afghanistan-Krieg der Bundeswehr

Die Bundeswehrsoldaten in Kunduz sind Teil der ISAF (*International Security Assistance Force*), der sogenannten Sicherheits- und Aufbaumission unter NATO-Führung im Rahmen des Krieges in Afghanistan seit 2001. Die Aufstellung erfolgte auf Ersuchen der Teilnehmer der ersten Afghanistan-Konferenz 2001 an die internationale Gemeinschaft und mit Genehmigung durch den Sicherheitsrat der Vereinten Nationen (Resolution 1386 vom 20. Dezember 2001). Der Einsatz ist keine friedenssichernde Blauhelm-Mission, sondern ein sogenannter friedenserzwingender Einsatz unter Verantwortung der beteiligten Staaten. Das Mandat für die Beteiligung deutscher Soldaten am ISAF-Einsatz wurde am 22. Dezember 2001 erteilt. In Deutschland wird die ISAF häufig auch als (Internationale) Afghanistan-Schutztruppe bezeichnet.

Seit gut zehn Jahren kämpfen deutsche Soldaten in Afghanistan, um dort beim Wiederaufbau und bei der Stabilisierung des Landes zu helfen und um deutsche Interessen zu vertreten, seien es außenpolitische oder sogar wirtschaftliche Interessen, wie der ehemalige Bundespräsident Horst Köhler einmal angedeutet – und sich dafür Kritik eingehandelt – hat.

Für die Soldaten und ihren Einsatz machen diese politischen Begründungen keinen großen Unterschied. Sie haben einen Auftrag, und wenn die eigene Einheit in den Auslandseinsatz geschickt wird, gehen die meisten mit ihren Kameraden. Wie auch immer man die Notwendigkeit des Afghanistan-Einsatzes begründet, ob man ihn befürwortet oder nicht, Tatsache ist: Die Soldaten führen einen langwierigen, zermürbenden Kampf als Teil der ISAF. 52 deutsche Soldaten sind seit 2001 getötet worden. Die meisten von ihnen in der Region Kunduz.

Die Soldaten, die ich begleiten werde, gehören zum »Ausbildungs- und Schutzbataillon Kunduz«. So werden sie aber nur in Deutschland genannt. Es ist ein zu umständlicher Name, kaum zu übersetzen, und er spiegelt nur teilweise den tatsächlichen Auftrag der Einheit wider. Es werden weniger Afghanen ausgebildet als vielmehr Operationen und Gefechte zusammen mit den afghanischen Sicherheitskräften geführt, um die Sicherheitslage im jeweiligen Gebiet zu stabilisieren. Die Soldaten sprechen also von einem sogenannten Gefechtsverband, der »Task Force Kunduz«. Ähnlich nennen auch die Amerikaner ihre entsprechenden Gefechtsverbände. Die Einheit soll als Teil der Task Force zusammen mit der afghanischen Armee und der Polizei die Aufständischen vertreiben und anschließend die freigekämpften Stellungen auch halten. In der Vergangenheit war ihnen das nicht immer gelungen.

Ich möchte die theoretischen Ausführungen kurz halten. Dieses Buch handelt von den Soldaten und nicht von Militärtheorie, aber eine kurze Erklärung zu den Grundlagen der militärischen Strategie, die dem internationalen Einsatz in Afghanistan zugrunde liegt, ist notwendig. Die Bekämpfung von Aufständischen durch reguläres Militär bildet einen eigenen Zweig in der Militärtheorie. Die Strategie der ISAF in Afghanistan beruht letztlich auf einem ziemlich klugen Buch von General David H. Petraeus und

Lt. General James F. Amos. 2006 gaben die beiden amerikanischen Generäle ein Handbuch für Aufstandsbekämpfung mit dem Titel »Counterinsurgency Field Manual« heraus, das ab Anfang 2007 bei der Besetzung des Iraks erfolgreich angewandt wurde. Die darin beschriebene Strategie wird in Afghanistan auch als Partnering bezeichnet. Nach dieser Strategie sollen militärisches Vorgehen und Aufbauhilfe möglichst genau aufeinander abgestimmt sein. Ziel ist, dass die Zivilbevölkerung zeitnah mit dem Auftauchen von Soldaten spürbare Verbesserungen ihrer Lebensqualität erfährt. Ab Herbst 2010 wurde mit der Kommandoübernahme der ISAF durch David H. Petraeus die Strategie auch in Afghanistan verfolgt. Damit sind auch deutsche Soldaten mit der Umsetzung betraut. Der Einsatz in einem Land wie Afghanistan, wo der Feind keine reguläre Armee ist, gliedert sich demnach in vier Phasen:

Shape (Gestalten)
Dient der Vorbereitung des Einsatzes. Hier wird vor allem der Bedarf an Hilfsgütern ermittelt. Einflussreiche Einheimische wie Dorfälteste, Bürgermeister usw. werden gefragt.

Clear (Säubern)
Feindliche Kräfte werden aus dem Zielgebiet vertrieben. Zeitgleich werden die benötigten Mittel für schnell umsetzbare Hilfe eingesetzt. Um möglichst wenig Zeit mit Bürokratie zu verschwenden, werden diese Hilfen den Soldaten in bar zur Verfügung gestellt.

Hold (Halten)
Das Gebiet wird gehalten; nach und nach soll den einheimischen Sicherheitskräften die Kontrolle übergeben werden,

bis sie die volle Verantwortung tragen und die Sicherheit garantieren können.

Build (Aufbauen)
In der letzten Phase wird in die langfristige Entwicklung des Gebiets investiert. Nach dem Plan soll die Situation stabil bleiben, und größere Projekte sollen angegangen werden können.

Für mich war das »Counterinsurgency Field Manual« zunächst Pflichtlektüre und die darin enthaltenen Strategien graue Theorie. In Gesprächen mit Offizieren der Bundeswehr und insbesondere mit Hauptmann Schellenberger habe ich gelernt, dass die Kräfte in Kunduz sich zwischen der Phase »Hold« und »Build« befinden. Auf mehrfache Nachfrage hört man heraus, dass sich einige Gebiete im Bereich auch noch in der »Clear«-Phase befinden. Die Übergänge sind fließend, Begrifflichkeiten unsauber, Bewertungsgrundlagen unklar, und natürlich werden Berichte mit Blick auf das politische Berlin positiv gestrickt. Diese Bewertungen kann man in der Presse lesen, und man hört sie auch raus, wenn man sich mit Offizieren der Bundeswehr unterhält. Etwas völlig anderes ist es, dort zu sein, wo diese Strategien umgesetzt werden. Die Soldaten vor Ort sollen Kampftruppe, Diplomat und Aufbauhelfer in einem sein. Die Überforderung scheint mir schon in der Auftragsbeschreibung angelegt zu sein. Anders gesagt: der Soldat als eierlegende Wollmilchsau.

»Partnering« heißt also das Konzept der Zusammenarbeit, das offiziell schon länger praktiziert wird. Die fließende »Übergabe in Verantwortung« afghanischer Sicherheitskräfte wurde im Januar 2010 auf der Londoner Afghanistan-Konferenz beschlossen. Tatsächlich lief »Partnering« in Kunduz aber eher stockend an. Das Problem: Es gab zu wenige afghanische Sicherheitskräfte, um in der »Hold«-Phase zuvor geräumte Geländeabschnitte an diese übergeben zu können. Zudem waren die afghanischen Soldaten für größere Operationen noch nicht ausreichend ausgebildet. Zwischenfälle wie der vom 18. Februar 2011 – ein afghanischer Soldat feuerte innerhalb des Stützpunktes OP North auf Bundeswehrsoldaten, drei von ihnen starben: Hauptfeldwebel Georg Missulia (30), Stabsgefreiter Konstantin Alexander Menz (22) und der Hauptgefreite Georg Kurat (21) – führen außerdem dazu, dass nicht alle deutschen Soldaten begeistert gemeinsam mit afghanischen Einheiten ihren Dienst tun.

Die Task Force hat, wie gesagt, zum einen den Auftrag, bereits frei geräumte Gebiete durch Präsenz zu sichern sowie, zum anderen, darüber hinaus in Gebiete vorzudringen, in denen die Bundeswehr seit Jahren nicht mehr präsent war. 2010 ist es zum Beispiel gelungen, die Aufständischen aus dem Süden der Unruhe-Region Chahar Darreh zu verdrängen. Der Norden Chahar Darrehs könnte in den nächsten Monaten ein mögliches Einsatzgebiet für die Task Force Kunduz sein.

»Trockenübung« vor dem Einsatz

Bevor ich als »tief integrierter« Journalist diesen Einsatz in Afghanistan begleiten darf, soll ich – wie die Soldaten auch – erst einmal für ihn »üben«. Würde ich, als Teil der Einheit, dabei schlappmachen, könnte ich die anderen und ihre ganze Mission gefährden.

Dafür stehe ich in Kontakt mit dem Kompaniechef meiner Einheit, Hauptmann Schellenberger. Er ist »Chef« der 3. Kompanie. Sie besteht aus circa 180 Mann auf gepanzerten Fahrzeugen. Schellenberger ist 31 Jahre alt, verheiratet und hat eine Tochter. Er hat bei der Bundeswehr Pädagogik studiert und während seines Studiums Zeit an einer Militär-Universität in den USA verbracht. Er spricht eine klare Sprache, auffällig militärisch geprägt. Er ist nicht groß, wirkt aber körperlich zäh und trainiert. Die Farbe seiner Augen ist geradezu irritierend grün.

Schellenbergers erste – amtliche – Email an mich:
»Ferner freue ich mich, dass meine Kompanie, die 3. Kompanie des Panzergrenadierlehrbataillons 92, Sie für das bevorstehende Projekt aufnehmen und in eine Gruppe eines unserer Infanteriezüge integrieren wird. Wir stellen uns darauf ein, Sie zuerst im Übungszentrum Altmark in der Letzlinger Heide begrüßen zu dürfen. Unsere Planungen für die Übung befinden sich bereits in der heißen Phase und enden mit dem Verladen unserer Panzer bei uns in der Kaserne.«

Dominic Schellenberger – Interview

31 Jahre
Hauptmann
verheiratet, eine Tochter

◖ Als ich Sie das erste Mal traf, standen Sie vor Ihren Männern, guckten sie an und sagten: »Deshalb bin ich Soldat geworden.« Können Sie das erklären?

Der Offiziersberuf erfordert viel, aber er gibt zugleich viel. Und da geht mir eben dieser Moment durch den Kopf, wie im Gefechtsübungszentrum. Das ist für mich als Kompanie-Chef kaum zu beschreiben. Dieses Gefühl, wenn ich die Jungs – fast 200 – da stehen sehe, hoch motiviert, mit Willen im Ausdruck und mit Spaß bei der Sache, dann ist das die Währung, die mir zurückgezahlt wird für den Einsatz, den ich selber bringe.

◖ Als Kompanie-Chef sind Sie sozusagen mit der Bundeswehr verheiratet. Wie steht Ihre Frau dazu?

Die Ehe von Soldaten geht nie ohne Bundeswehr, der Dienst ist irgendwie immer mit dabei. Ich habe für mich und mit meiner Ehefrau feste Gebete und insbesondere einen Psalm als innere Stütze. Der gibt uns so viel, dass er uns jetzt schon lange, lange durch unsere Beziehung und durch unsere gemeinsame Zeit bei der Bundeswehr getragen hat. Für uns ist das, wahrscheinlich auch wegen der Nähe zu meinem Beruf, der Psalm 91, den König David verfasst hat und der beginnt: »Wer im Schutz des Höchsten wohnt und ruht im Schatten des Allmächtigen, der sagt zum Herrn: Du bist für mich Zuflucht und Burg, mein Gott, dem ich vertraue.« Und genau das ist es, was ich tue.

◖ Gab es Momente, in denen Sie an Ihrer Entscheidung, Soldat zu werden, gezweifelt haben?

Eigentlich nicht. Auch wenn es Erfahrungen gibt, die deutlich meine Einstellung mitgeprägt haben. Ich bin erst vor kurzer Zeit Vater geworden. Das war ein Augenblick, der meine Auffassung – nicht unbedingt vom Beruf, aber vom Leben – nachhaltig beeinflusst hat.

◖ In welcher Hinsicht?

Als Vorgesetzter ist für mich wichtig, mich in die Köpfe meiner Soldaten hineinversetzen zu können. Und genau in diesem Bereich wirkt die Erfahrung, dass ich nun Familienvater bin. Dadurch, dass ich selber eine Tochter bekommen habe, ist es jetzt für mich möglich, in Gänze die anderen Familienväter in meiner Kompanie zu verstehen, wenn die mir berichten von guten oder auch schlechten Momenten zu Hause mit der Familie.

◖ Wie und wann haben Sie erfahren, dass Sie im Juli als Kompanie-Chef nach Afghanistan gehen werden?

Sehr früh. Das liegt schon gut 2 ½ Jahre zurück. Damals befand ich mich auf einem Lehrgang beim US Marine Corps. Dort hatte ich die Möglichkeit, mit dem damaligen Bataillons-Kommandeur abzustimmen, welche Kompanie ich nach meiner Rückkehr übernehmen darf. Es war dann schnell klar, dass es eine der beiden sein würde, die nach Afghanistan gehen.

◖ Was hat das in Ihnen ausgelöst?
Dieses Wissen potenziert die Gedanken, die Sorgen, die Hoffnungen, die man im Bereich der Personalführung für seine Soldaten hat. Denn jetzt geht es nicht mehr um Grundbetrieb, nicht mehr um Gefechtsausbildung, sondern jetzt steht am Ende das echte Gefecht mit allen möglichen Konsequenzen.

◖ Als da sind?
Mir ging es vom Anfang der Vorausbildung an darum, zunächst die Soldaten, aber auch die Familien, die dahinter stehen, bestmöglich – nicht nur soldatisch, sondern auch inhaltlich – auf diesen Einsatz vorzubereiten.
Die entscheidende Frage ist, wie es mir am besten gelingen kann, meine Männer durch den Einsatz zu bekommen. Denn das ist letztendlich die größte Sorge eines Vorgesetzten im Einsatz. Ich versuche, das durch bestmögliche taktische und personelle Führung zu erreichen. So dass wir sowohl unseren Auftrag zu hundert Prozent erfüllen, als auch am Ende alle nach Deutschland zurückkehren können.

◖ Alle heil nach Hause zu kriegen. Ist das unter den derzeitigen Gegebenheiten wahrscheinlich?
Das ist sehr schwer zu sagen, und das wissen die Männer, wir haben darüber gesprochen. Die Soldaten kennen die Bedrohungen, denen sie tagtäglich ausgesetzt sein werden. Hundertprozentige Sicherheit gibt es nicht. Das wissen die Führer, und das wissen die Soldaten. Wir haben versucht, sie darauf vorzubereiten.

◖ Die Nachrichten der letzten Wochen, Anschläge auf deutsche Soldaten in Afghanistan. Was lösen die in Ihnen aus?
Die machen nachdenklich. Mehrere Kameraden sind leider gefallen, alle aufgrund von IED-Anschlägen. Angst machen die

Anschläge mir persönlich nicht, sondern sorgen bei mir für Respekt vor der Aufgabe, die vor uns liegt. Vor dem, wie unser Gegenüber agiert und operiert. Ich weiß, dass wir gut ausgebildet sind. Und ich weiß, dass wir mit unseren Aufklärungsmitteln und mit vielem mehr auf allen Ebenen gute Möglichkeiten haben, uns gegen solche Anschläge zu schützen. Ich versuche eben, und da schließt sich der Kreis, meine Männer, so gut es eben möglich ist, durch den Auftrag zu bringen.

◖ Ist das nicht auch ein Ritterschlag, nach Afghanistan zu gehen? Nach der Ausbildung will man doch auch das Gelernte anwenden, oder nicht?

Für Außenstehende ist die Motivation, warum Soldaten nach Afghanistan gehen, unter Umständen schwer oder nur teilweise nachvollziehbar. Klar, wir haben einen Auftrag. Das Parlament hat uns einen Auftrag gegeben, und den führen wir aus. Nichtsdestotrotz hat jeder einzelne Soldat für sich noch eine Motivation, die ihn in den Einsatz nach Afghanistan bringt. Und da gehört auch ein Stück weit dazu – ich wage mal den Vergleich zum Fußball –, dass wir lange trainiert haben. Dass wir viele Trainingsstunden hatten und jetzt eben auch spielen, jetzt eingewechselt werden und unseren Auftrag ausführen wollen. Wir haben lange auf der Bank gesessen, und jetzt geht es los. Und da sind wir heiß drauf. Das gehört dazu.

◖ Sie waren schon zweimal zur Erkundung in Afghanistan. Was steht Ihren Soldaten dort zurzeit bevor?

Viele Tage im Felde und wenige Tage im Feldlager selbst. Unser Auftrag wird es sein, im Raum westlich von Kunduz, im sogenannten Chahar Darreh, die Bewegungsfreiheit für unsere Kräfte auf den wichtigsten Verbindungsstraßen dort wiederherzustellen, wo sie eingeschränkt worden ist. Und das immer und konsequent im Zusammenwirken mit afghanischen

Sicherheitskräften. Da konnte ich zuletzt sehr gute Ansätze sehen und, gerade im Raum Kunduz, sehr zuverlässige afghanische Polizisten.
Meinen Soldaten habe ich gesagt, dass – unabhängig von den Vorfällen, die es im OP North gab, wo ein Kamerad der afghanischen Sicherheitskräfte um sich geschossen hat – der Weg für uns nur über die Zusammenarbeit mit den afghanischen Sicherheitskräften geht. Das, denke ich, hat jeder gut verstanden. Ich habe vor Ort selbst gesehen, dass es gut funktioniert.

◖ Welche Führungsprinzipien sind für Sie wichtig?
Das oberste Prinzip ist für mich Vertrauen.

◖ Wie ist es, Männer in diesem Alter zu führen?
Unsere Jungs sind zwischen 20 und 25 Jahre, also junge Männer. Denen möchte ich den – manchmal vorhandenen – Sinn für den Unsinn gar nicht austreiben, im Gegenteil. Spaß im Dienst ist absolut wichtig, um gemeinsam auch mal durch größere Herausforderungen gehen zu können. Ansonsten habe ich für mich festgestellt, dass die Jungs mit Aufträgen gefordert werden müssen. Dann gehen sie mit erstaunlicher Konzentration da ran und kommen mit einem guten Gefühl aus der Aufgabe raus.

◖ Was macht das Soldatsein für Sie so besonders?
Wir leisten nicht nur einen Dienst für die Gesellschaft im Auftrag des Parlaments und stehen damit ein für ganz Deutschland, sondern wir tun das eben auch in einer Gemeinschaft. Da spielt Kameradschaft eine ganz große Rolle, was für mich ein wichtiger Motivationsfaktor ist. Und wir tun das in einer fordernden Umgebung und mit einem fordernden Auftrag wie jetzt in Afghanistan. Im schlimmsten Falle kann das auch dazu führen, dass Kameraden eben nicht mehr nach Hause kommen.

◖ Was muss einer mitbringen, um ein guter Soldat zu sein?
Einen fitten Körper und einen fitten Geist. Er muss nicht zwangsläufig studiert oder eine abgeschlossene Berufsausbildung haben. Er muss körperlich fit sein, um den Herausforderungen, die in einer Region wie Afghanistan auf ihn zukommen, standzuhalten. Mit – wie wir es jetzt im Juni, Juli haben – Durchschnittstemperaturen von um die 45 Grad tagsüber und einer Ausrüstung von, je nachdem, in welcher Funktion der Soldat ist, 30 bis 50 Kilo, manchmal auch mehr. Er sollte fit sein, um dem standhalten zu können. Und er muss geistig fit sein, um in den Situationen, die aufblitzen, die ihn dann schnell, unmittelbar und sofort fordern – wenn es zum Beispiel zu einem Hinterhalt oder einem IED-Anschlag kommt –, das Ausgebildete abrufen zu können. Körperlich fit, geistig fit. Das sind gute Soldaten.

◖ Was bedeutet Mut in diesem Zusammenhang für Sie?
Mut ist grundsätzlich schon mit unserem Auftrag verbunden. Ganz viel Mut wird es erfordern, in das Flugzeug zu steigen und nach Afghanistan zu fliegen. Und noch viel mehr Mut wird es dann natürlich bedeuten, in Afghanistan rauszugehen ins Feld und den jeweiligen Auftrag umzusetzen. Ich denke also, dass Mut sich nicht nur zeigt im Gefecht – in das wir durchaus geraten können –, sondern dass für den Soldaten mit seinem besonderen Auftrag der Mut schon hier zu Hause, an der Heimatfront, beginnt.

Ein Zivi auf dem Dingo-Dach

Meine Erfahrung mit der Bundeswehr beschränkte sich bisher auf einen Lehrgang für Journalisten in Krisengebieten in Hammelburg im bayerischen Unterfranken. Dort habe ich gelernt, wie ich mich bei einer Geiselnahme verhalten soll und wie, wenn auf mich geschossen wird – den Geiselnehmern gehorchen, möglichst viele Informationen aufnehmen und bei Beschuss auf den Boden werfen. Oder, wurde mir erklärt, mich »klein und hässlich« machen. Nichts leichter als das.

Jetzt also die zweite »Trockenübung«, ehe ich ins Wasser springe beziehungsweise in den afghanischen Sand. Die Ausbildung »meiner« Soldaten, also der Gruppe, die ich begleiten werde, hatte schon im Januar 2011 begonnen. Hammelburg, Munster, Trauen – sechs Monate haben sie auf diesen Übungsplätzen für ihren Einsatz trainiert. Für vierzehn Tage bin nun auch ich dabei, um zu lernen, wie ich mich als Journalist in einer militärischen Einheit zu bewegen habe, wenn ich wieder heil nach Hause kommen will.

Auf dem Truppenübungsplatz Altmark in Sachsen-Anhalt treffe ich »meine Jungs« zum ersten Mal: Der Kommandant des Dingos, auf dem ich sitze, ist Oberfeldwebel Jan-Uwe Schröder. Schröder kommt aus Kirchgellersen bei Lüneburg in Niedersachsen. Er ist 26, verheiratet und Vater einer sechs Monate alten Tochter. Schröder ist als Gruppenführer für seine Soldaten – und letztlich auch für mich – verantwortlich, wenn es nach Afghanistan geht.

Außerdem mit mir auf dem Dingo: unser Kraftfahrer, Stabsgefreiter Matthias Chill, 26, aus Merseburg in Sachsen-Anhalt, Stabsgefreiter Thorsten Körner, 22 Jahre, aus Braunschweig in Niedersachsen und Obergefreiter Daniel Wild, 24, aus Weißenfels, ebenfalls in Sachsen-Anhalt. An der Übung nehmen außerdem die anderen 175 Soldaten der 3. Kompanie von Hauptmann Schellenberger teil.

Der Truppenübungsplatz Altmark gehört mit einer Fläche von zirka 23 000 Hektar zu den größten Übungsplätzen der Bundeswehr. Auf dem Gelände befinden sich mehrere Kulissenanordnungen, die afghanischen und kosovarischen Dörfern nachempfunden sind. Hier übt nun also die zukünftige Task Force Kunduz für den Einsatz in Kunduz.

Wir wohnen in Zelten und schlafen auf Feldbetten. Jeden Tag begleite ich die simulierten Operationen. Patrouille, IED-Anschläge, Überwachung, Gefechte in engen Gassen. Aber, wie gesagt, Simulationen. Passiert ja »in echt« nichts, sagt man sich.

Schon hier und jetzt habe ich meinen Platz auf dem Dingo von Oberfeldwebel Schröder. Laufe, marschiere – immer direkt hinter den Soldaten. Jede zweite Nacht schlafen wir auf dem Auto. Unsere Verpflegung: Fertignahrung der Bundeswehr (die sogenannten Einmannpakete – EPa). In den Nächten, die wir auf dem Auto verbringen, schlafe ich nicht mehr als drei Stunden. Mein Rücken schmerzt, der Magen auch, ich stinke und bin müde. Ein eingefleischter Zivilist eben, sicher nicht unsportlich, aber verdammt zivilisationsverweichlicht. Bei dieser zweiwöchigen Übung frage ich mich zum ersten Mal, worauf ich mich hier eigentlich eingelassen habe. Was ich als ehemaliger »Zivi«, der ein warmes Bett zu schätzen weiß, hier überhaupt mache. Es sollte nicht das letzte Mal sein.

Als ich Schröder einmal frage, ob er sich auf den Einsatz freut, überlegt er eine Weile und antwortet dann: »Nein, freuen tut man sich darauf nicht. Ich bin grad Vater geworden, da ist das wahrscheinlich normal. Auch bei meiner Mutter muss man das Thema derzeit gar nicht ansprechen. Das führt zu nichts Gutem.«

Schröder ist für sein Alter ein ziemlich überlegter Mann. Bei ihm deckt sich nichts mit den Vorurteilen, die man gegen Soldaten so hegen könnte. Mich erinnert er an den Schauspieler John Cusack. Und der Eintrag zu Cusack auf der Film-Datenbank IMDB passt auch auf Schröder: »Cusack ist in seinen Rollen meist ein unkonventioneller Held.«

Zur Verabschiedung ruft Schröder mir noch nach: »Wir sehen uns dann auf dem Weg nach Kunduz!« Er überlegt kurz. »Wenn du es dir nicht noch anders überlegst!«

Das habe ich nicht. Obwohl ich doch ins Grübeln kam, als ich die obligatorische Impfliste erhielt, die Soldaten vor dem Einsatz absolvieren müssen und die auch ich abarbeiten muss. Ein Dutzend sind es, plus ein MMR-Test (Immunität gegen Masern, Mumps und Röteln).

Tetanus
Diphtherie
Polio
Hepatitis A und B
Meningokokken
Gelbfieber
Typhus
Tollwut
Influenza
FSME (Frühsommer-Meningoenzephalitis)
JE (Japanische Enzephalitis)

Eigentlich müssten wir im Dunkeln grün leuchten bei so viel Stoff im Körper.

Hannover – Termez

Flughafen Hannover – militärischer Teil

Am Morgen der Abreise, 1. Juli 2011, stehe ich mit Schröder am Flughafen Hannover in der Abflughalle. Er hat sich zu Hause von seiner Frau und der kleinen Tochter verabschiedet. Er wollte nicht, dass sie am Flughafen sind. »Es ist so schon schwer genug.«

In Uniform warten die Soldaten auf die Maschine nach Termez in Usbekistan. Sie spielen Karten. Einige gucken Filme auf ihren Laptops. Andere schlafen – die haben den Abschied wohl mit ein paar Bier zu viel gefeiert. Dann ist der Airbus der Bundeswehr zum Boarding bereit. Die Maschine hat kein Unterhaltungsprogramm, dafür Catering von der Lufthansa und attraktivere Flugbegleiterinnen als so mancher Charterflug.

Strategischer Lufttransportstützpunkt Termez, Usbekistan

Uns begrüßen wohlgebräunte, entspannte Soldaten. Der Krieg findet von hier aus gesehen weit weg im Nachbarland statt. Von Termez aus wickelt die Bundeswehr ihre Flüge nach Afghanistan ab. Die Betreuungseinrichtung, in der wir uns sammeln, heißt »Area 51«. Es läuft Musik und ein Fernseher mit Bundeswehr-TV, sogar ein Bier kann man hier trinken. Höchstens zwei, denn auch hier greift die Zwei-Dosen-Regelung – also zwei Dosen pro Abend. Termez gilt unter Soldaten als entspannter Ort für den Auslandseinsatz.

Mit all denen, die nach Afghanistan und insbesondere nach Kunduz fliegen, wollen hier die Wenigsten tauschen. Uns werden Container für die Nacht zugewiesen. Ich schlafe unruhig. Morgen um 6:00 Uhr soll es weitergehen nach Kunduz.

Termez – Kunduz

In der Dämmerung sehen wir die Transall auf dem Rollfeld. Durch die Luke am Heck des Flugzeugs betreten wir die Militärmaschine. Die Motoren dröhnen. »Willkommen an Bord unseres Fluges nach Kunduz«, schreit der Lademeister gegen den Lärm an. »Flugzeit zirka 45 Minuten. Der Anflug auf den Flugplatz Kunduz ist etwas steil. Wenn Ihnen schlecht wird, benutzen Sie die Kotztüten. Angenehmen Flug.« Die Maschine hebt ab, zieht steil in den Himmel. Die Soldaten und ich schwitzen, obwohl es um diese Uhrzeit noch nicht besonders heiß ist.

In der Transall sitzt man auf Bänken im Frachtraum. Schröder mir gegenüber. Er unterhält sich mit Hauptfeldwebel Sebastian Bachert, einem anderen Gruppenführer des Foxtrott-Zuges. Bachert war schon mal in Kunduz. Vielleicht sprechen sie über die Erfahrungen, die Bachert gemacht hat. Ich weiß es nicht. Der Motorenlärm dröhnt zu laut. Ich erinnere mich an das, was Schröder mir gesagt hat: »Man versucht, sich mental sowieso auf den Einsatz vorzubereiten, und man malt sich, jeder, glaube ich, malt sich tausend Szenarien im Kopf aus, was alles passieren kann …«, Schröder drehte dabei den Ehering an seiner linken Hand, »… aber, ich glaub, wenn irgendwas passiert, ist das trotzdem außerhalb jeglicher Vorstellungskraft.«

Neben ihm sitzt Hauptmann Schellenberger. Er redet nicht, schaut aus dem Fenster, schließt die Augen, öffnet sie, schaut auf die Soldaten seiner Kompanie. Bei meinem ersten Treffen sagte er mir: »Glauben Sie denn, dass ich nicht schon jetzt jeden Tag daran denke, ob ich alle meine Männer und Frauen unversehrt und lebend wieder nach Hause bringen kann? Ich weiß, hundertprozentiger Schutz geht nie, und das ist jedem Soldaten bewusst. Wir haben mehr als einmal darüber gesprochen. Ich habe auch versucht, das den Familien mit auf den Weg zu geben. Hundertprozentiger Schutz geht nie.«

Als ich ihn vor dem Einsatz gefragt habe, wie er mit dieser Verantwortung umgeht, antwortete er: »Ich versuche zwei Wege zu gehen. Persönliche Gelassenheit, weil ich weiß, dass ich gute Männer habe und gut ausgebildete Soldaten. Das ist die eine Seite. Und die andere Seite, das ist für mich mein christlicher Glaube. Der mir in Momenten, wo große Gewitter über mir sind, die notwendige Gelassenheit gibt, mir zu sagen, das, was ich nicht richten kann, das bekommt jemand anderes für mich hin.«

Am Bullaugen-Fenster des Flugzeuges ziehen Gebirge und Wüstenlandschaften vorbei. Ich mache es wie Schellenberger – Augen zu. Schwer zu fassen, dass ich noch gestern neben meiner Freundin im bürgerlichen Hamburg-Winterhude aufgewacht bin. Und gleich lande ich in Nord-Afghanistan. Zivilisation ade, oder doch zumindest beschränkt auf militärische Hochtechnologie.

Die Motoren werden leiser. Im Segelflug geht die Transall runter auf das Kunduz-Airfield. Es fühlt sich ein wenig an wie in einer Achterbahn, die abwärts rast.

Gelandet. Ein Soldat winkt die Maschine in ihre Position. Die Heckklappe öffnet sich. Das gleißende Licht blendet. Die Soldaten aus Munster steigen aus. Ihre fest geschnürten Stiefel betreten afghanischen Boden.

Es ist heiß. Und es riecht anders. Die Luft schmeckt staubig. Es ist jetzt ungefähr 7 Uhr morgens, und die Sonne verbrennt schon jede Farbe. Mit zusammengekniffenen Augen schaue ich mich um.

Ausgebrannte russische Hubschrauber stehen neben dem Rollfeld. Sie wirken wie eine Mahnung daran, dass schon andere Großmächte versucht haben, Afghanistan zu kontrollieren. Auf einem Container steht ein einzelner afghanischer Soldat mit einer Kalaschnikow und beobachtet die jungen Männer, die über das Rollfeld gehen. Neben dem Flughafengebäude hängt eine ausgebleichte Flagge in den blassen Farben schwarz, rot, grün – die afghanische Flagge – in der Sonne. Und ein Schild mit der Aufschrift:

»Welcome to Kondoz.«

180 Soldaten des Panzergrenadierlehrbataillons 92 aus Munster landen im Juli 2011 in Afghanistan. Für sechs Monate bilden sie die 3. Kompanie der Task Force Kunduz.

Ihr Auftrag: Die Provinz Kunduz durch Präsenz zu sichern, zu überwachen und dabei mehr und mehr Verantwortung an die afghanische Polizei und Armee zu übergeben.

Die Provinz Kunduz liegt im Nordosten von Afghanistan. Sie befindet sich im sogenannten Kunduz-Tal nahe der tadschikischen Grenze, rund 250 Kilometer nördlich von Kabul. Die Region ist fruchtbar und für afghanische Verhältnisse ungewöhnlich grün. Das Tal ist an drei Seiten unmittelbar und an einer Seite mittelbar von hohen Bergen umgeben, den Ausläufern des Hindukuschs.

Die Soldaten und ich werden jetzt in Mungo-Jeeps – die sogenannten Erdbeerkörbchen – verladen. Die ein Kilometer lange Strecke vom Kunduz Airport ins deutsche Feldlager fahren wir mit Helm, Splitterschutzweste – und in hoher Geschwindigkeit. Jetzt erinnere ich mich daran, in einem

Kriegsgebiet zu sein. Vor dem Feldlager Kunduz wird der Fahrer langsamer. Mauern und hohe Aufbauten von »Hesco-Barriers« *(mit Schutt gefüllte Drahtkörbe)* schützen das Feldlager. Am Schild »Provincial Reconstruction Team Kunduz« *(PRT Kunduz)* stoppt der Fahrer. Unser »Erdbeerkörbchen« wird mit einem Spiegel am Stiel auf Sprengfallen kontrolliert. Afghanische Sicherheitskräfte mit Sturmgewehren und Bundeswehrsoldaten an MGs schützen das Lager.

Im Feldlager kommt unsere Kolonne am »Hauptbahnhof Lummerland« an. Der »Hauptbahnhof« besteht nur aus einem kleinen Unterstand, der Schatten bietet, und aus einer Haltebucht für die ankommenden Fahrzeuge. Wir steigen aus, schauen uns um. Hier stehen wir also. Angekommen. Wir schwitzen und rauchen unsere erste nervöse Zigarette auf afghanischem Boden.

Applaus und Jubel, als das Vorgänger-Kontingent die ersten Kameraden gen Transall in Richtung Heimat verabschiedet. Einige von den Jungs unserer Gruppe wünschten wohl auch, sie hätten ihren »Turn« schon hinter sich. Dabei sind es nur die ersten Sekunden im sechsmonatigen Einsatz der Panzergrenadiere aus Munster – und damit auch meine.

Hintergrund-Info: Nach dem Sturz der Taliban-Regierung 2001 begann der internationale Militäreinsatz der ISAF in Afghanistan. Nach Ausweitung des Mandats auf die nördlichen Provinzen übernahm im Januar 2004 die deutsche Bundeswehr eine amerikanische Liegenschaft mitten in der Stadt, in der bis Ende Mai 2006 das PRT Kunduz – unter Beteiligung verschiedener Nationen (Belgien, Niederlande, Ungarn, Rumänien, USA) – stationiert war. Seit Juni 2006 ist das PRT in der Nähe des Flughafens im neuen deutschen Camp untergebracht.

Schulstunde für Anfänger

Zwischen 2000 und 2500 Soldaten aus Deutschland, Holland, Belgien, aus den USA und Armenien leben im Feldlager der Bundeswehr. Zunächst müssen die Soldaten und ich den »Einweisungsmarathon« über uns ergehen lassen: ein zweistündiger Vortrag über die Regeln im Lager und über die Situation in der Umgebung. Auch ich soll mir die Notfallbegriffe für das Leben im Feldlager merken: Blitzschlag *(Raketenangriff auf das Feldlager),* Hochwasser *(Feldlager wird angegriffen*), Dammbruch (*Feind ist innerhalb des Feldlagers).*

Und noch etwas sollen wir uns alle einprägen:
wichtige Abkürzungen.

Hier ein paar »Begrifflichkeiten« aus der Sprache der NATO und der Bundeswehr, die jeder kennen sollte, der sich – egal, in welcher Position – in einem Auslandseinsatz befindet:

TIC Troops in Combat. Das heißt, wir stehen im Feuerkampf
TPZ-Fuchs: Transportpanzer Fuchs
SPZ-Marder: Schützenpanzer Marder
ATF-Dingo: Allschutz-Transport-Fahrzeug Dingo
Leitspruch der Panzergrenadiere: »drauf, dran, drüber«
G36 ist die Standardinfanterie-Waffe der Bundeswehr. Ein Sturmgewehr von Heckler & Koch, das 5,56-mm-Munition verschießt

EODs: Explosive Ordnance Disposals. Die Kampfmittelbeseitiger

EPa: das kleine Verpflegungspaket der Bundeswehr, mit dem sich der Soldat mindestens einen Tag lang ernähren kann

RPG: Rocket Propelled Grenade. Eine raketengetriebene Granate. Wird von den Aufständischen für Angriffe benutzt

HKR: Hauptkampfraum

IED: Improvised Explosive Device. Selbstgebaute Sprengfalle. Wird von den Aufständischen für Anschläge eingesetzt

AK-47: Awtomat Kalaschnikowa, sowjetisch-russisches Sturmgewehr. Standardwaffe der Aufständischen

Suicider: Selbstmordattentäter

ANA: Afghanische Armee

ANP: Afghanische Polizei

CIP oder LSF-Kräfte: Lokale Sicherheitskräfte, die gegen die Aufständischen kämpfen. Meist gegen Bezahlung

COP: Combat Outpost. Ein Außenposten oder Vorposten, der von LSF-Kräften, der ANA, der ANP oder auch der Bundeswehr betrieben wird, um die Umgebung zu überwachen

Compound: mit einer Lehmmauer geschützter Gebäudekomplex

Allgemeiner Rat im Einsatz: Schlaf, wenn du kannst, friss, trink, rauch und kack, wenn du kannst – etwa in der Reihenfolge

Falls Sie, lieber Leser und liebe Leserin, sich jetzt darüber geärgert haben, Abkürzungen lernen zu müssen, sage ich Ihnen nur eins: Das offizielle Dokument mit NATO-Abkürzungen umfasst 345 Seiten. Ich habe versucht, die für Sie wichtigsten aufzulisten.

Laut Einweisung ist die Situation in unserem Einsatzgebiet derzeit wie folgt: Das südliche Chahar Darreh ist im Moment relativ ruhig, nachdem deutsche Truppen zusammen mit den Amerikanern im vergangenen Jahr hier heftige Gefechte geführt haben. Nun möchte man auch in den Norden von Chahar Darreh vordringen. Kunduz gilt trotz der derzeit ruhigen Lage als Unruheprovinz und als einer der gefährlichsten Orte, an denen die Bundeswehr bisher präsent war. Im September 2009 wurden in dem Distrikt bei einem Luftangriff auf zwei Tanklaster – befohlen durch den deutschen Oberst Klein – bis zu 142 Menschen getötet, die meisten von ihnen wohl Zivilisten. Der Süden des Distrikts war im Herbst 2010 Haupteinsatzgebiet der Operation Halmazag (»Blitz«). Nach schweren Gefechten mit Einsatz von Luft- und Artillerie-Unterstützung und in Zusammenarbeit mit den Amerikanern wurden große Teile der Aufstandsbewegung aus der Region vertrieben oder in den Untergrund gedrückt.

Nach dieser langen Lektion stehe ich mit meiner Gruppe zusammen. Thorsten Körner erzählt von Reaktionen auf seinen Einsatz in Afghanistan: »Jeder hat seine eigene Meinung. Viele sagen, ich finde das Scheiße, was du machst, du Mörder. Das ist natürlich nicht gut. Aber das ist halt dann deren Meinung.«

Wild sagt: »Ob das, was wir hier tun, jetzt wirklich Sinn macht, interessiert mich als Soldat eigentlich ziemlich wenig. Ich bin gewöhnlicher Landser. Ich kämpfe, ich sitze ab, ich mache das, was mir gesagt wird. Und was die obere Führung sagt, denkt, macht oder machen möchte, das hat mich eigentlich gar nicht zu interessieren.«

Foxtrott 4

Provincial Reconstruction Team Kunduz (PRT Kunduz) – Feldlager der Bundeswehr in Nord-Afghanistan

Wir verstauen unser Gepäck in den Zwei-Mann-Unterkünften in dem baufrischen Gebäude mit dem gelb-schwarzen Ortsschild »Leipzig«. Unsere Vorgänger wohnten noch in Zelten. In dem neuen Gebäude lässt es sich aushalten: Bett, Schrank, ein Stuhl und eine Klimaanlage. Mehr, als wir alle erwartet haben. Und Luxus im Vergleich zu den Zelten.

Im Innenhof des Gebäudes entdecke ich ein kleines Beet mit Sonnenblumen. In die Erde haben Soldaten kopfüber Wasserflaschen gesteckt – eine Bewässerungsanlage, um den Boden für den »Ziergarten« auch bei Hitze feucht zu halten.

Der Zugführer der etwa 35 Soldaten des Foxtrott-Zuges, Hauptfeldwebel Andreas Isensee – Spitzname Isi –, sammelt seine Schafe um sich: »Habt ihr jeder noch 'ne Flasche Wasser abgegriffen? Trinken, trinken, trinken, Leute. Und: Ärmel runter! Ärmel so hochkrempeln entfällt im Ansatz ...«

Fragende Blicke in der Runde. Dann wieder Isi, gestikulierend: »... macht die Ärmel hier ein bisschen weiter, damit ein bisschen Luft reinkommt. Und macht euch den Hosenstall auf, damit auch da ein bisschen Luft reinkommt ...«

Kleiderordnung wird im Feldlager Kunduz großgeschrieben.

Am nächsten Morgen bekommen Chill, Körner, Wild und Schröder ihr Fahrzeug zugewiesen: »unseren« Foxtrott 4, ein Dingo-Radpanzer vom Typ 2. Sieht aus wie ein besonders großer, kompakter Jeep, hat vier Räder und einen Innenraum, in dem – je nach Ausstattung – fünf oder sechs Personen Platz haben, und einen Gepäckraum. Die Hauptaufgaben des Dingos sind Konvoi- und Patrouillenfahrten. Er ist insbesondere für minengefährdete Gebiete konzipiert. In diesem Wagen werden wir für die nächsten sechs Monate unterwegs sein.

Chill, Spitzname »Asterix«, erklärt mir: »Der Dingo 2 ist aus Kosovo-Zeiten, weil da vermehrt Sprengsätze gelegt wurden. Damals hat die Bundeswehr entschieden, wir brauchen ein Fahrzeug, das minensicher ist – sollte man auf eine IED auffahren ... Wenn so eine unter dem Fahrzeug detoniert, zerspringt es. Beim Dingo 2 sind die Schutzteile aber so konzipiert, dass der Druck, der von unten kommt, aufgefangen und nicht auf den Menschen übertragen wird.«

Klingt beruhigend. Und weshalb heißen die Dingos in unserem Zug Foxtrott 1 bis 5? Und weshalb sind wir die 4? Körner erklärt es mir: »Also, die Züge – ungefähr 35 Mann – sind nach dem NATO-Alphabet gekennzeichnet. Bei uns zum Beispiel Echo, Golf und unser Zug Foxtrott. Im Zug sind dann halt die ganzen Fahrzeuge durchnummeriert von 1 bis ... so viel Fahrzeuge halt da sind ...«

Körners Spitzname ist Totti. Er ist 22 und damit nicht nur der Jüngste in unserem Trupp, sondern einer der Jüngsten in der Kompanie. Seit einem halben Jahr hat er eine eigene Wohnung, aber keine Waschmaschine. Seine Mutter freut sich, wenn er am Wochenende seine Wäsche vorbeibringt. Für die nächsten sechs Monate hier wird seine Wäsche von der Firma »Ecolog« im Feldlager Kunduz gewaschen. Oder, wenn wir auf einem Außenposten sind, eben gar nicht.

Im Lager herrscht ständig ein hoher Lärmpegel. Tagsüber sind es die Motoren der Fahrzeuge und die Generatoren, konstant surren dazu die Klimanlagen. Die US-Armee zahlt für den Betrieb der Klimaanlagen im Irak und in Afghanistan jedes Jahr mehr als 20 Milliarden Dollar. Laut dem Deutschen Institut für Wirtschaftsforschung kostet der Krieg Deutschland rund drei Milliarden Euro pro Jahr. Das Bundesverteidigungsministerium bezifferte die Einsatzkosten in Afghanistan für das Jahr 2011 dagegen auf gut eine Milliarde Euro. Wie viel davon die Klimaanlagen ausmachen, wird nicht aufgeführt.

Erst in der Nacht wird es ein wenig ruhiger, aber auch dann hört man Fahrzeuge, die rund um die Uhr aus dem Lager fahren oder hinein, das tiefe Brummen von Flugzeugen, manchmal auch das aggressive Schlagen der Rotoren von Apache-Kampfhubschraubern, die von der nahe gelegenen US-Basis starten. Für die Luftunterstützung sind die Amerikaner zuständig. In der Nacht höre ich in der Nähe des Lagers die 30-mm-Bordkanone eines Apache. Der Hubschrauber selbst ist nicht zu sehen. Nur kurz blitzt das Mündungsfeuer am Himmel auf. Danach sind wieder nur die Rotoren zu hören.

Am nächsten Morgen mache ich einen Rundgang durch das Feldlager. Auf geschütztem Terrain.

Ab 7 Uhr ist das Licht gleißend, die Sonne ist spürbar. Ab 10 Uhr fängt der Planet an zu brennen. Zwischen 12 Uhr und 16 Uhr wird die Hitze fast unerträglich. Von High Noon an röhren die Klimaanlagen in den Zelten, wo die Besprechungen stattfinden, geradezu verzweifelt. Spätestens um 13 Uhr, wenn das Thermometer 45 Grad erreicht hat, gehen sie in die Knie. Dann ist es besser, draußen zu sein. Die Wege sind so trocken, dass jeder Schritt eine kleine Staubwolke aufwirbelt. Der Staub ist überall, am Ende des Tages klebt er am ganzen Körper. Bei jedem Mal Händewaschen, bei jeder Dusche fließt eine braune Suppe in den Abfluss. Am Abend spüle ich meine Augen mit Salzwasser-Augentropfen aus. Ein Tipp von einem befreundeten Journalisten, der Afghanistan kennt. So entgehe ich der Augen-Entzündung, die einige Soldaten am Anfang ihres Einsatzes plagt. Die Luft in der Region ist voll mit Fäkalien, weil die Bauern mit menschlichen und tierischen Exkrementen ihre Felder düngen. Interessant ist, dass der Körper sich nach ein paar Tagen daran gewöhnt hat und ich keine Augentropfen mehr brauche.

Das PRT Kunduz und seine Umgebung werden durch einen mit Kameras ausgerüsteten Heißluftballon überwacht, der immer am Himmel steht, außer bei sehr starkem Wind oder Sandstürmen. Die Soldaten nennen den Ballon die »Hindenburg« oder, augenzwinkernd, das »Auge Saurons«.

In der ehemaligen Küche – heute Fitness-Raum »House of Pain« – sind noch Einschläge von Raketen zu sehen. Erinnerungen aus einer Zeit vor der Panzerhaubitze, als das Feldlager fast täglich mit Raketen aus dem Tal beschossen wurde.

In der Nähe des Haupttores steht die Panzerhaubitze 2000 – ein schweres Artilleriegeschütz, das – laut Offizier vor Ort – vom Feldlager aus Ziele in einem Umkreis von 40 Kilometern auf 20 bis 30 Meter genau treffen kann. Die Panzerhaubitzen werden seit 2010 vom Feldlager Kunduz aus eingesetzt.

Kurz bevor der damalige Verteidigungsminister zu Guttenberg die Verlegung der Haubitzen nach Kunduz verkündete, wurden am Karfreitag 2010 drei deutsche Soldaten (Hauptfeldwebel Nils Bruns, 35 Jahre, Stabsgefreiter Robert Hartert, 25 Jahre, und Hauptgefreiter Martin Augustyniak,

28 Jahre) bei einem Hinterhalt der Taliban in der Ortschaft Isa Khel getötet. Aber auch als Antwort auf die Raketen- und Mörserangriffe auf das Feldlager Kunduz wurde die Panzerhaubitze stationiert. Angriffe dieser Art hatte es bei unserer Ankunft seit einem knappen Jahr nicht mehr gegeben.

Die Soldaten des Vorgänger-Kontingents, die noch auf ihren Abflug warten, sitzen mit nackten Oberkörpern vor ihren Zelten. Etwas spöttisch begutachten sie die Neuankömmlinge. »Tapsies« nennen Soldaten die Neuen, weil die noch so unbeholfen durchs Feldlager tapsen. Nach sechs Monaten in Afghanistan sind die Abreisenden braungebrannt und bei den wenigsten ist ein Gramm Fett auszumachen. Erschöpft sehen sie aus. Viele haben sich Vollbärte wachsen lassen. Lange hatten sie eine relativ ruhige Zeit. Bis zu ihrem letzten Monat. Am 28. Mai 2011 wurden bei einem Sicherheitstreffen in der Provinz Tachar zwei Bundeswehrsoldaten durch einen Sprengstoffanschlag getötet (Major Thomas Tholl, 43, und Hauptfeldwebel Tobias Lagenstein, 31). Der Regionalkommandeur Nord der ISAF Generalmajor Markus Kneip sowie fünf deutsche Soldaten wurden zum Teil schwer verletzt. Dann, am 2. Juni 2011, zerfetzte ein Sprengsatz einen Schützenpanzer Marder 1A5 der Bundeswehr in Baghlan. Der Oberstabsgefreite Alexej Kobelew, 23 Jahre jung, fiel, fünf Soldaten wurden zum Teil schwerstverwundet.

Ab 18 Uhr strahlt die Sonne in einem geradezu unwirklichen Gelb, die Temperaturen werden wieder erträglich. Der Abend und die Nacht sind hier die schönste Zeit. Ein riesiger Mond, ein Himmel, an dem gefühlte Milliarden Sterne stehen.

Einschießen bei 55 Grad

Frühmorgens und abends beobachte ich, wie die Fahrzeuge im PRT Kunduz am »Ehrenhain« – dem Sammelplatz – auffahren, um »raus« zu fahren. Der Ehrenhain hat zwei Funktionen: Zum einen ist er Sammelplatz für alle Einheiten, die »raus« fahren, zum anderen ist er Gedenkstätte für die gefallenen Soldaten im Rahmen der ISAF-Mission in Afghanistan und in Kunduz im Besonderen. Er steht innerhalb eines quadratischen Schotterplatzes und besteht aus zwei rechtwinklig angeordneten Mauern. Davor steht ein Gedenkstein. Er ist mit dem Eisernen Kreuz der Bundeswehr versehen. An den Mauern sind die Gedenktafeln für die im Einsatz verstorbenen Soldaten befestigt. Auf den Gedenktafeln steht jeweils der Name, Vorname, Dienstgrad und Name der Einheit des Toten.

Hinter dem Ehrenhain stehen zehn Fahnenmasten – die sieben Flaggen der an der ISAF-Mission beteiligten Nationen, die Flagge der NATO, Afghanistans und die deutsche Flagge. Der deutsche Fahnenmast steht ganz im linken Eck des Ehrenhains.

In den Fahrzeugen: lauter junge Männer mit ernsten Gesichtern. Wenn sie in der ersten Dämmerung zurückkommen, sind ihre Gesichter so verstaubt, dass man nicht mehr erkennt, ob sie vielleicht doch gerade lächeln. Wir werden bald die nächsten sein, die am Ehrenhain auffahren.

Für die 3. Kompanie von Hauptmann Schellenberger und damit auch für den Foxtrott-Zug wird es in der nächsten Woche ernst – dann müssen sie in »Raumverantwortung«, so heißt das. Sie werden im Raum Chahar Darreh als Task Force eingesetzt. Das bedeutet: Außenposten besetzen, Patrouillen durch die Dörfer, Überwachen der Verbindungswege, Suche nach Sprengfallen und Suche nach dem unsichtbaren Feind, der sich womöglich irgendwo in den Bergen oder auch in den Dörfern versteckt.

Zuvor müssen aber noch die Waffen eingeschossen werden. Dafür fährt die Kompanie auf die Westplatte, ein Sandsteinplateau westlich des Feldlagers. Eine einstündige Fahrt durch das Kunduz-Tal.

6:30 Uhr – die Dingos, die Marder-Schützenpanzer und die Fuchs-Transportpanzer fahren auf dem Sammelplatz, dem Ehrenhain, auf. Die Waffen werden soweit durchgeladen, wie es die Sicherheitsbestimmungen zulassen. Dann die herzliche Ermahnung vom Zugführer, die Soldaten sollten nicht rausfahren »wie die Pimmelfrisöre«, sondern wachsam sein. Aus der TOC *(Tactical Operations Center)*, der Einsatzzentrale, sagt er, gäbe es eine Warnung vor einem Selbstmordattentäter im Raum Kunduz. Die Schranke nach »draußen« öffnet sich.

Zum ersten Mal verlassen wir unsere Schutzburg, das Feldlager. Ich sitze in einem Transportpanzer Fuchs. Er hat Luken, aus denen man beobachten kann und auch filmen könnte. Doch zunächst sitze ich »unter Luke«. Sehe nichts außer dem Inneren des Panzers. Stahl und Waffen. Oben durch die Luke kann ich ein Stück Himmel sehen, wolkenlos wie beinahe immer, und die MP 7 des stellvertretenden Zugführers, der aus der Luke heraus die Umgebung überwacht. Man hört die rauschenden Meldungen über Funk. Die Soldaten um mich wirken ruhig, abwartend, fast abwesend.

Die Kolonne rollt von der Anhöhe, auf der das Feldlager steht, hinunter in das Kunduz-Tal. Die Straße ist sogar befestigt. Wir fahren durch den Distrikt Chahar Darreh, einen von sieben Distrikten in der Provinz Kunduz. Über eine Furt geht es durch den Kunduz-Fluss. Wie Science-Fiction-Gefährte wirken die Bundeswehr-Fahrzeuge im Vergleich zur Umgebung – den kargen Feldern, den erbärmlichen Hütten und Verschlägen der afghanischen Dörfer.

Westplatte, Sandsteinplateau westlich des Feldlagers
Die Bundeswehr-Kolonne fährt auf die Anhöhe. Eine Kamelkarawane wartet geduldig, bis die Militärfahrzeuge vorbeigezogen sind. Die Sonne steht jetzt überdimensional riesig über der Westplatte. Sie nimmt die Hälfte des Horizonts ein. Hier ist es noch mal heißer und staubiger als im Feldlager. Ein Apache-Kampfhubschrauber fliegt über uns hinweg.

Schröder steht vor seinem Dingo. Wild sitzt im Fahrzeug, sagt, den Blick in die weite Ebene gerichtet: »Also ehrlich, was mich bis jetzt hier am meisten beeindruckt, ist die Landschaft.« In seiner Brille spiegeln sich Sonne und Wüste. »Früh oder abends sieht man dann das Gebirge. Ist voll geil. Genauso wie der Sternenhimmel. Das sind so die Momente, wo ich mir sag, das siehst du in Deutschland auf jeden Fall nicht.«

Der Auftrag von Foxtrott 4 für diesen Tag: Einschießen der Waffen und das Fernhalten der Zivilbevölkerung. Funk: »Grundsätzlich ist dein Primärauftrag das Weghalten der Zivilbevölkerung.«

Von weitem sehe ich einen Mann mit einem Esel. Frage mich: Ob der wohl weit genug weg ist?

Sebastian Bachert, der einsatzerfahrene Hauptfeldwebel, steht vor den Soldaten des Zuges: »Wir werden hier heute Anschießen der Handwaffen durchführen.«

Schröder: »Man kann viel trainieren, ob das Magazinwechseln oder weiß ich was ist. Was ich nicht üben und trainieren kann, sind real Verwundete oder Sachen, die man in Afghanistan sieht und die man einfach nicht gewohnt ist.«

Hauptmann Dominic Schellenberger, Chef der 3. Kompanie Task Force Kunduz: »Üblicherweise ist das so, dass Zivilpersonen – insbesondere Kinder – hierher kommen, um die Hülsen zu sammeln. Das dürfen die auch, aber erst, wenn wir mit Schießen fertig sind. Wir haben dafür auch den Sprachmittler dabei. Der wird mit den Zivilisten sprechen.«

Dann dürfen die Soldaten loslegen; die Task Force Kunduz feuert ihre ersten scharfen Schüsse auf afghanischem Boden ab. Wenn auch nur zur Übung. G36, P8, MG4, G3 und Granatpistole. Es knallt, es raucht und explodiert für fünf Stunden in der Wüstenlandschaft.

Immer wieder nähern sich Kinder den Soldaten. Doch selbst Kinder lassen die Neuankömmlinge, die »Tapsies«, noch nervös werden.

Chill: »Im Grunde genommen … ist hier jeder verdächtig …«

Ein Soldat ruft Schröder zu: »Der in dem grünen Kaftan da, der grad wegläuft, der hat ein Telefon!«

Aber der Mann ist weit weg und scheint harmlos. Er ist nur zu seinen fünf oder sechs Ziegen gelaufen.

Ich frage Schröder, ob er auch Angst hat in solchen Momenten. Schröder: »Ja, hab ich. Wenn jemand keine Angst hat, dann läuft irgendwas schief …«

Auf einem Schützenpanzer habe ich die Aufschrift »Brave Heart« gesehen.

Frage: »Ist Mut die Abwesenheit von Angst?« Darauf

Schröder: »Angst ist ein Instinkt, der alles im Körper noch mal hochfahren lässt. Und die Sinne werden alle noch mal schärfer – ob das Hören, das Sehen, das Fühlen.« Mit Feigheit habe das nichts zu tun. Aber keine Angst zu haben, beweise noch nicht, dass einer mutig ist.

Afghanische Kinder sitzen in Gruppen auf dem Boden. Sie warten, um die Patronenhülsen einzusammeln. In einem Land so arm wie Afghanistan sind selbst diese Messingteile wertvoll genug, um einen sehr langen Marsch und das sehr lange Warten in der Hitze auf sich zu nehmen.

Schröder ruft aus TPZ: »Die wollen nur Hülsen sammeln!«

Im Hintergrund schießen die Soldaten auf ihre Übungsziele. Die Hülsen klimpern auf dem Boden.

Hauptfeldwebel Sebastian Bachert geht mit dem Sprachmittler der Bundeswehr in Richtung der wartenden Afghanen und erklärt ihm: »Die einzige Möglichkeit, die die haben, ist: Sie gehen nach hinten zu ihren Fahrrädern, warten dort, bis wir weg sind, und wenn wir weg sind, können sie alle Hülsen haben.«

Der Sprachmittler spricht mit den Jugendlichen und Kindern auf Dari: »In diesem Bereich wird jetzt eine Rakete abgeschossen. Es besteht die Möglichkeit, dass die Rakete euch trifft. Hier ist die Gefahrenzone.«

Bachert: »Kommt auch nur einer dichter ran als bis zu den Fahrrädern, kriegen alle keine Hülsen.«

Bachert und der Sprachmittler schauen die kleinen Afghanen eindringlich an. Die senken die Köpfe, nehmen ihre Siebensachen und ihren Esel und entfernen sich ein Stück.

Den anderen Soldaten erklärt Bachert: »Die Kuddels (so nennen die Soldaten die Afghanen) sind nur hier wegen der Scheiß-Hülsen, weil sie für das Messing halt Kohle kriegen. Alles, was größer ist als 7,62 mm (Durchmesser des Projektils), müssen wir wieder mitnehmen, weil sie sonst die Dinger für ihre IEDs (*selbstgebaute Sprengfalle)* benutzen.«

Die Soldaten gruppieren sich. Zur Übung sollen fünf Milan-Boden-Raketen abgeschossen werden. Ziel ist eine Abbruchkante am Berg. Die Raketen zischen Richtung Berg. Sie explodieren im Berg. Der Knall kommt spürbar ein paar Millisekunden später.

Dann sammeln die Bundeswehrsoldaten die größeren Projektile aus dem heißen Sand und werfen sie in Plastiktüten. Kurz danach rennen die kleinen Afghanen los, wie auf ein gemeinsames Signal. Nun sind endlich sie dran, die restlichen Hülsen aufzuklauben. Es ist ein berührendes Bild. Kleine Kinder graben den Sand nach ein wenig Messing um. Am Ende werden diejenigen, die heute Glück hatten, Messing im Wert von einem Euro zusammenbekommen. Eine Milan-Rakete kostet zirka 8.000 Euro.

Wild schaut in Richtung Kinder, dann in Richtung Sonne. Es ist 12 Uhr, und wir messen 55 Grad in der Sonne.

Plötzlich schleppen zwei Jugendliche einen kleineren Jungen heran. Er ist ohnmächtig. Die Jungs schauen die Soldaten an, hilflos und zugleich auffordernd. Der Sanitäter kommt heran und beugt sich über das Kind: »Der kriegt jetzt ein bisschen Elektrolyte, damit der Körper wieder hochkommt. Wir geben etwas Wasser raus, und dann ist das gut. Die sollen den aber im Schatten halten.« Der Junge auf dem Arm des Größeren trinkt. Der Sprachmittler übersetzt: »Bringt ihn nach Hause. In den Schatten. Und jetzt geht.«

Bei der Rückfahrt stelle ich mich in die Luke. Endlich die Umgebung ansehen und die Menschen. Alle Afghanen, an denen wir vorbeifahren, gucken zurück. Manche feindselig, manche misstrauisch, manche gleichgültig. Freundliche

Blicke, Lächeln oder gar Winken? Nichts. Kurz vor dem Lager kann ich ins Tal sehen. Es gibt Felder und hohe Bäume. Die Sonne geht langsam unter. Der Staub, die Fahrzeugkolonne und die Abendsonne bieten ein surreales Bild. Dann kommen wir am Lager an. Die Schranke öffnet sich vor der Kolonne. Das Schild »Provincial Reconstruction Team Kunduz« vermittelt Sicherheit. Wir sind wieder im Feldlager. Ernste Gesichter junger Männer. Müde und verstaubt. Durchatmen.

Jan-Uwe »Juwe« Schröder – Interview

26 Jahre
Oberfeldwebel
verheiratet, eine Tochter

◖ Ihr übernehmt in ein paar Tagen die Verantwortung hier im Raum – wie fühlst du dich?
Die Nervosität steigt. Aber ich glaube, die Jungs sind froh, dass wir endlich los können und den Auftrag wahrnehmen. Wenn man selber nicht hinfährt, wer soll es dann machen?

◖ Hattest du je Zweifel an diesem »Auftrag«?
Ich persönlich stehe hinter dem Einsatz. Und es wird ja nicht besser dadurch, dass man fragt: »Was machen wir da unten?« Es bringt auch nichts, wenn ich der Gruppe sage, ich weiß nicht, was wir in Afghanistan tun, oder ich sehe keinen Grund dafür. Man muss ja motiviert sein.

◖ Glaubst du, dass ihr dort etwas bewirken könnt?
Als Einzelner sehr schwierig. Aber im Ganzen – im Zusammenwirken mit den anderen Nationen – glaube ich das schon. Auch wenn es vielleicht noch sehr viel Zeit und Blut kosten wird. Wenn wir die Afghanische Polizei (ANP) und die Afghanische Armee (ANA) so weit haben, dass sie auf eigenen Füßen stehen – dann macht das Sinn.

◖ Du hast »Blut« gesagt. Wie sprecht ihr über die Gefahr einer schweren Verwundung oder gar zu sterben?
Ich meine, wenn man sein Testament ausfüllt (Anmerkung: ein Testament muss – ebenso wie eine Patientenverfügung – von jedem Soldaten vor dem Einsatz aufgesetzt werden), sollte man darüber schon mal gesprochen haben. Aber tiefer hineingehen in diese Ebene will man dann doch nicht. Es bringt nichts, sich den Kopf darüber komplett zu zerbrechen. Ich kann auch in Deutschland vom Auto überfahren werden.

◖ Warum bist du Soldat geworden?
Das war sozusagen mein Kindheitstraum. Ich bin schon, da war ich höchstens sechs, mit dem Holzgewehr durch den Wald gelaufen und hab Soldat gespielt.

◖ Du hast mal erzählt, dass auch dein Vater Soldat war ...
Ja, der war vier Jahre bei der Bundeswehr. Er hat der Zeit sehr nachgetrauert und manchmal sogar bereut, dass er weggegangen ist. Ich bin in einem 150-Einwohner-Dorf aufgewachsen, direkt am Truppenübungsplatz. Und, das muss ich sagen, in einer rosaroten heilen Welt.

◖ Was haben deine Eltern dir fürs Leben mitgegeben?
Keine halben Sachen machen, sondern wenn, dann richtig und zu hundert Prozent. Sonst hätte ich tagelang ein schlechtes Gewissen. Ordnung zu halten, habe ich dagegen weniger mitbekommen. Meine Mutter hat immer alles für mich gemacht, vom Wäschewaschen bis zum -zusammenlegen.

◖ Du hast fünf Männer unter dir, der Jüngste 22 Jahre alt. Wie gehst du mit dieser Verantwortung um?
Die ist sehr groß. Was ich versuche, ist, so viel wie möglich an Disziplin und Sicherheit hochzuhalten. So dass nicht einem

meiner Soldaten oder einem aus dem Zug durch irgendeinen Fehler etwas passieren könnte. Meine Priorität ist, alles Menschenmögliche daran zu setzen, dass meine Gruppe gesund – körperlich und geistig – aus dem Einsatz wiederkommt.

◖ Gibt es Grundsätze von der militärischen Führung, an denen man sich orientieren kann?

Es gibt viele Erfahrungswerte, zum Beispiel, wenn ein IED (Sprengsatz) hochgeht: Erst mal aus der »Killzone« raus. Erst mal weg vom Fahrzeug, auch wenn da vielleicht Verwundete drin sind. Erst mal Abstand gewinnen. Trotzdem versuchen wir, uns so wenig wie möglich Grundsätze anzueignen, weil – unser Feind ist ja auch nicht doof. Die filmen Hinterhalte. Die ziehen ihre Schlüsse daraus. Und versuchen, beim nächsten Hinterhalt das so zu legen, dass unser Ausweichen genau wieder in ein IED fährt. Also arbeitet man so wenig wie möglich nach Standards. Es gibt sie, aber die muss man variieren.

◖ Was bedeutet Mut für dich?

Mut und Tapferkeit – das ist immer ein sehr schmaler Grat zwischen Dummheit und Wahnsinn. Ich kann in einem Fall mutig sein, wenn ich danach aber drei oder vier Verwundete mehr habe, dann war das nicht mutig, sondern einfach nur dumm. Also muss ich immer den Mittelweg finden.

Der unsichtbare Feind

PRT Kunduz, Feldlager der Bundeswehr
Körner und Chill sitzen auf dem Gang vor ihrer Stube. Mein Zimmer liegt zwei Türen weiter. Ihr Thema: der Einsatz, und ich frage, was Mut für sie als Soldaten bedeutet. Körner guckt, Chill antwortet: »Ich könnte jetzt salopp sagen, wir sind verpflichtet, mutig zu sein. Teilweise vermute ich an mir selber, dass ich gar nicht drüber nachdenke, in welcher Situation das dann wäre. Sobald 'ne Gefahrensituation ist und einer von meinen Leuten ist in Bedrängnis oder muss irgendwo rausgezogen werden, da werde ich nicht überlegen, ob ich, wenn ich jetzt zu dem hinrenne, erwischt werden kann. Ich werde es einfach machen.«

Die Soldaten reinigen ihre Waffen. Körner hat seine P8-Pistole in der Hand, Chill nimmt die Kappe von einem Filzstift: »Wo hast du das hingeschrieben?« Körner: »Außen.« In dem Moment klopft er mit dem Handballen das Magazin in die Waffe. Es klackt. Chill schreibt »A+« außen auf seinen sandfarbenen Stiefel – seine Blutgruppe, als Beschriftung für die Sanitäter bei Blutverlust.

Die Stimmung in der 3. Kompanie wird wie das Land um sie herum: irgendwie trockener, staubiger. Gedanken an die Familie werden beiseite geschoben. Häufiger hört man: »Ist halt so.« Ähnlich gehen die Soldaten mit der konstanten Bedrohung um. Durchatmen, nicht drüber nachdenken, Gefühle wegstecken. Diese Haltung werden sie beibehalten, jedes Mal, wenn wir von jetzt an das Feldlager verlassen. Ist halt so. Auch mir scheint das gesünder als Grübelei, die nichts bringt.

Übergabeappell der Task Force Kunduz, Ehrenhain
Am nächsten Morgen: Der Himmel ist vernebelt vom Staub, der in der Luft liegt. Die Sonne scheint unnatürlich gelb – fast giftig – durch den Sand. Auf dem Ehrenhain, auf dem normalerweise die Fahrzeuge auffahren, bevor sie das Feldlager verlassen, sammeln sich die Soldaten der neuen und der alten Task Force Kunduz.

Heute soll das Kommando vom alten Bataillons-Kommandeur auf den neuen übergeben. Von nun an führt Oberstleutnant Lutz Kuhn – Kommandeur meiner Soldaten aus Munster – die Task Force Kunduz und ihre Operationen. Damit beginnt auch für Dominic Schellenberger, 31, als Kompanie-Chef und für Jan-Uwe Schröder, 26, als Gruppenführer offiziell ihr Einsatz in Afghanistan.

Schröder steht neben Sebastian Bachert. Die beiden sehen ungewohnt ernst aus. Bachert, weil er sich an seinen Einsatz in Kunduz 2010 erinnert. Was er damals erlebt hat, wird er mir erst viel später erzählen. Schröder ist angespannt, weil er noch nicht einschätzen kann, was ihn erwartet.

»Dieses Ungewisse. Das macht mir Sorgen. Einer, der da war, weiß in etwa, was ihn erwartet … aber für die meisten ist es ja eine völlig neue Erfahrung, überhaupt in den Einsatz zu gehen … dass man nicht weiß, was auf einen zukommt.«

Gleich werden sie zum Übergabeappell antreten. Die wenigsten Soldaten, mit denen ich gesprochen habe, gehen der Frage aus dem Weg, ob sie einen Sinn darin sehen, in Afghanistan zu sein. Schröder: »Jeder, den ich anspreche oder der mit mir spricht, der fragt mich: Was machen wir in Afghanistan? Dann sag ich immer: Ihr seid wählen gegangen oder auch nicht, und ihr seid dafür verantwortlich, dass wir da unten sind. Und schließlich ist es ja auch ein Bündnisfall ...«

Er überlegt spürbar und fügt nach der Pause hinzu: »... unsere verbündeten NATO-Partner sind nun mal auch dort, und wir können nicht immer sagen, wir bauen im Nachhinein alles auf, und die Dreckarbeit müssen die anderen machen.«

»3. Kompanie: Antreten!«, schreit jemand über den Platz. Die Soldaten nehmen Haltung an. Hunderte Uniformierte stehen in Reih und Glied in sandfarbenen Uniformen auf dem Ehrenhain. Im Hintergrund weht die deutsche neben der afghanischen Flagge.

»Ich begrüße Sie beim Übergabeappell des Ausbildungs-Schutzbataillons Task Force Kunduz.« Es spricht Generalleutnant Rainer Glatz, der Befehlshaber des Einsatzführungskommandos.

»Jeder von uns weiß, Kunduz ist einer der Brennpunkte. Nicht nur im Blickpunkt in Nord-Afghanistan. So werde ich, wenn Sie mir das Bild erlauben, den Staffelstab von Oberstleutnant Steinhaus an Oberstleutnant Kuhn übergeben.«

Die Soldaten salutieren. Aus den Lautsprechern tönt blechern die Nationalhymne. Die meisten Soldaten singen mit. Auch Hauptmann Schellenberger. Als ich ihn einmal nach der Bedeutung von Mut in diesem Einsatz gefragt habe, antwortete er: »Mut ist grundsätzlich mit unserem Auftrag verbunden.« Und dann fügte er hinzu: »Mut beginnt für meine Soldaten, glaube ich, schon damit, nach Hause zu gehen und ihren Angehörigen zu sagen: Ich gehe nach Afghanistan.«

Und wirklich treffe ich während meiner Zeit in Kunduz einen Soldaten, der mir erzählt, er sei in den Einsatz geflogen – das sei sein Job –, aber seinen Eltern habe er erst kurz vor seiner Rückkehr in einem Telefongespräch gesagt, dass er im Einsatz gewesen sei.

Erste »Raumverantwortung«

Ein paar Stunden nach der Übergabe-Zeremonie sitze ich mit Schröder, seinen Soldaten vom Foxtrott 4 und den zirka 35 anderen Soldaten des Foxtrott-Zuges in einem Zelt im Feldlager Kunduz. Es ist 12 Uhr – die Klimaanlage dröhnt.

Zugführer Andi Isensee bereitet seine Leute auf die erste »Raumverantwortung« vor. In der Raumverantwortung gehen die Soldaten über Tage und Wochen in Stellung, um aus den Combat Outposts *(Abkürzung COPs),* also den Außenposten, heraus in den strategisch wichtigen Gebieten Präsenz zu zeigen und dadurch Gebiete zu sichern. Die COPs dienen außerdem als Basis für Operationen. Auftrag für den Foxtrott-Zug ist es zunächst, den Außenposten der Bundeswehr im Polizeihauptquartier von Chahar Darreh zu besetzen. Doch erst mal geht es um die Fahrt dorthin.

»Derzeit ist die Lage so, dass es eine ›Suicider‹-Warnung gibt. Für den gesamten Bereich der LOC *(LOC: Line of Communication – oder auch eine wichtige Verbindungsstraße)* ›Pluto‹ und die gesamte ›Kamins‹ entlang«, sagt Isensee. Dann erklärt er den Informationsstand zum Selbstmordattentäter: »Der sollte sich heute umsetzen nach Erkenntnissen von J2 *(Abteilung für Nachrichtenwesen).* Bisher habe ich es noch nicht knallen hören. Also schauen wir mal.« Die Bundeswehr treibt manchmal merkwürdige Sprachblüten. »Umsetzen« wird die Explosion genannt. In diesem Fall ist also mit »umsetzen« der Moment gemeint, in dem der Selbstmordattentäter sich in die Luft sprengt.

Die Soldaten blicken ungerührt auf das Bild, das der Beamer an die Wand wirft. Einige prüfen den Weg auf einer Karte auf dem Tisch.

»Solltet ihr irgendwo länger stehen, schaut mal nach, ob euch nicht jemand etwas unten ran geklebt hat. Ich will nirgendwo länger als eine Minute stehen.«

Kurz darauf sitzen wir im Dingo auf dem Ehrenhain. Wir tragen Schutzwesten, in den Ohren einen Gehörschutz, der das Trommelfell bei Explosionen vor der Druckwelle schützen soll, vor den Augen splitterfeste Sonnenbrillen. Alle Waffen sind geladen. »Habt ihr an die Minenverriegelung gedacht?«, fragt Schröder. Zweifaches Klicken: Der Innenraum ist nun sicher.

Schröder: »Wir sollen keine Fahrzeuge in die Kolonne lassen. Abstände relativ gering halten in Kunduz-Stadt. Darum geht es hauptsächlich. Vermutet wird jetzt ein grüner Toyota.«

Und da ist sie, die abstrakte und eben doch konkrete Gefahr. Jedes Mal, wenn wir aus dem Feldlager fahren. Abstrakt, weil nicht immer etwas passiert. Konkret, weil jedes Mal etwas passieren könnte. Wenn ich die Soldaten nach der Gefahr frage, antworten sie, nein, rasseln immer wieder runter, dass sie stumpf genug seien, um sich über die Möglichkeit eines IED-Anschlages keine Gedanken zu machen. Wiederholen, dass man dagegen eh nichts machen könne, und deshalb bringe es auch nichts, Angst zu haben.

Nüchtern betrachtet haben sie natürlich Recht. Auch ich denke nicht, dass mir Sorge und Angst gegen eine versteckte Sprengfalle helfen. Wenn ich in Hamburg in meinen Smart steige, fürchte ich ja auch nicht, dass ich einen Unfall haben könnte. Und trotzdem kommt mir der Gedanke immer, wenn unser Dingo das Lager verlässt. Mach es wie die Jungs, sage ich mir dann, denk nicht drüber nach. Kopf-Kino ausschalten. Die Jungs sind Soldaten, die kennen sich da aus. Aber ich kann mir nicht helfen, die Bilder von IED-Anschlägen, die ich mir vor meinem Einsatz auf Youtube angesehen habe, kommen immer mal wieder bei mir hoch.

Der Motor des Dingos brüllt auf. Dreizehn Tonnen Stahl setzen sich mit einem Knirschen in Bewegung. Die Wagen verlassen das Feldlager im Schritttempo, vorbei an Schranken und afghanischen Wachmännern, über Bodenhindernisse kriechend und hüpfend geht es nach draußen. Die Jungs zurren ihre Helme fest. Schröder klopft mit der Handfläche auf seine Waffe, Wild späht aus dem Fenster, die Landschaft zieht an uns vorbei. Körner hat seine Augen an der Optik der Waffenanlage. »Geschütz schwenkt links.« Körner an der FLW *(Fernbedienbare Leichte Waffenstation)* kurbelt an zwei Griffen, der 40-mm-Granatwerfer auf dem Dach bewegt sich.

Die Bundeswehr-Kolonne fährt durch Kunduz-Stadt. Chill versucht, möglichst mittig zu fahren, damit entgegenkommende Fahrzeuge anhalten müssen. Durch Panzerglasscheiben blicke ich nach draußen. Die Menschen am Straßenrand schauen der Kolonne hinterher. Nicht unfreundlich, nicht freundlich. Ich kann in ihren Gesichtern nichts lesen. Wahrscheinlich gehören Soldaten nach dreißig Jahren Bürgerkrieg zu ihrem Alltag. Schließlich verlassen wir die geteerten Straßen von Kunduz-Stadt, folgen einer holprigen Sandpiste. Es staubt. Die Fahrzeuge vor uns sind fast nicht mehr zu erkennen. Neben der Fahrbahn erstrecken sich Felder. Immer wieder sehe ich Bauern mit Eseln, Kühen und Ziegen. Die Menschen in der Region Kunduz leben von der Landwirtschaft. Dann auf einmal – doch noch ein paar freundliche Gesichter. Kleine Kinder rennen aus einer Lehmhütte an den Straßenrand. Sie hüpfen herum, lachen und winken den gepanzerten Wagen zu. Wild und Schröder winken zurück.

Nach zwölf Kilometern haben wir das Polizeihauptquartier von Chahar Darreh (*PHQ: Police Head Quarter*) erreicht. Zwei afghanische Polizisten stehen vor dem blau lackierten Tor, wir fahren an einem Schild mit der Aufschrift »Hier gilt die StVO« vorbei. Ich frage mich, ob es sich dabei nun um Bundeswehr-Humor oder tiefernste deutsche Ordnungsliebe handelt. Im Hof parken zahlreiche Dingos, Eagles und Transportpanzer. Das Polizeihauptquartier dient der Bundeswehr als Basis in Chahar Darreh. Von hier aus besetzen die Deutschen die Vorposten, mit denen wichtige Straßen und andere strategische Punkte gesichert werden. Von hier rücken sie auch gemeinsam mit ihren Verbündeten aus, um Taliban zu bekämpfen.

Polizeihauptquartier Chahar Darreh (PHQ)

Hier im PHQ Chahar Darreh ist dauerhaft eine Infanteriekompanie eingesetzt. Eine Kompanie bleibt durchschnittlich zehn bis vierzehn Tage hier stationiert. Dann wird sie durch eine andere Kompanie abgelöst. Die Sicherung des Außenpostens übernimmt die Einheit selbst. Die Soldaten sind also abwechselnd in der Raumverantwortung in Patrouillen draußen, überwachen die Umgebung vom Wachturm aus oder nehmen an Operationen in der Region teil.

Im PHQ gibt es einen Fernseher, ein paar Gewichte, drei Duschcontainer, jede Menge Feldbetten und, klar, noch mehr durchgeschwitzte T-Shirts und Socken, die an selbstgebastelten Wäscheleinen und jedem verfügbaren Haken hängen. Zwanzig bis dreißig Männer teilen sich hier eine Stube. Daniel Wild schaut sich um und sinniert. »Also wirklich, der perfekteste Tag für mich wäre: nach Hause kommen und gar nichts machen. Ich würde die Wohnung sehen, würde mein Zuhause sehen, meine Mutter sehen, erst mal Käffchen machen, ein bisschen quatschen, einfach nur in Sicherheit sein.«

Dabei baut er mit Körner sein Feldbett auf, Schlafplatz für die nächsten vierzehn Tage. Wild murmelt immer noch, »… wo man weiß, man ist zu Hause und da gehörst du hin«.

In diesem Moment erinnere ich mich an die Frage von Oberstleutnant Houben. »Ich nehme an, Sie haben in Hamburg eine gemütliche, saubere und warme Wohnung …?«

Dies war es, worauf er mich damals vorbereiten wollte. Warm ist es hier allerdings auch, könnte nicht wärmer sein. Aber gemütlich und sauber? Die Wände unverputzter Beton. Die Privatsphäre so groß wie das Feldbett, auf dem man liegt. Die Küche ein kleiner Verschlag – in keinster Weise dafür ausgelegt, dass hier eine ganze Kompanie ihr Essen brutzelt. Für die Notdurft ein paar Dixi-Toiletten im Hof. Schnell begreife ich den Ratschlag der Soldaten, die Dixis nur morgens und abends zu besuchen. Wie alles andere heizen sich auch die Plastik-Häuschen und ihr Inhalt in der Mittagssonne unappetitlich auf. Wer die Regel vergisst, kommt schweißgebadet, mit hochrotem Kopf und panisch nach Luft schnappend von seinem Geschäft zurück.

Aber ich wollte es ja nicht anders.

Während Wild und Körner in der Mittagshitze mit der Konstruktion der Feldbetten kämpfen, sagt Körner mit breitem Grinsen zu Wild: »Du hast dich eingemacht.« Wild: »Jaja, ich weiß. Der ganze Oberkörper ist voll Schweiß.« Chill kommt ins Zimmer, setzt sich hin, trinkt Cola, schwitzt.

Coca-Cola, Marlboro und Heckler & Koch

Ein paar Stunden später auf dem Weg zum Wachturm des Bundeswehr-Außenpostens im Polizeihauptquartier. Mit schweren Schritten stampfen Schröder und Körner die Treppe zum Wachturm hoch. Die beiden tragen ihre Schutzwesten, jede um die 15 Kilo schwer.

»Wachschicht übernommen, neuer Führer: Foxtrott 4«, meldet Schröder dem Gefechtsstand. Der Gruppenführer und seine Soldaten nehmen ihre Stellungen hinter Sandsäcken und den »Hesco-Barriers« ein. Vor ihnen liegen die G36-Sturmgewehre von Heckler & Koch, Zigaretten von Marlboro und kalorienarme Brause von Coca-Cola.

Das Polizeihauptquartier liegt in einer Ebene, inmitten von Feldern. Etwa 250 Meter entfernt steht eine Ruine. Die Lehmmauern sind mit Einschusslöchern übersät und zeugen davon, dass der Außenposten noch vor ein paar Monaten immer wieder von dort beschossen – und wehrhaft verteidigt – wurde. In der Region ist es ruhiger geworden, dennoch überwachen Schröder und seine Soldaten in einem 360-Grad-Radius die Umgebung. Eine Gruppe Frauen in traditionell blauen Burkas trägt Kinder und kleine Heubündel nach Hause.

Schröder meldet über Funk: »Jetzt drei Arbeiter plus ein Müllsammler bei uns im Bereich, die überwacht werden. Kommen.« – »Gefechtsstand verstanden.«

Körner sitzt leicht gelangweilt in seiner Stellung und

guckt in die Landschaft. Er spielt mit seinem beigen Cap. Eine Kamel-Karawane zieht langsam am Eingangstor vorbei.

Körner, brummelnd: »Wünschen tu ich es mir nicht, dass wir jetzt Feindkontakt haben. Also ist schon ganz okay so ...« Körner zieht tief an seiner Zigarette. »... Manchmal gibt es Phasen, da ist nichts los, da wünscht man sich nur, dass die Zeit vorbeigeht ...«

Er greift sich das Fernglas, das vor ihm liegt, und richtet es auf eine Gruppe Afghanen bei der Feldarbeit. »Aber besser so und Langeweile haben und sicher sein als Feuerkampf, und vielleicht passiert dann noch was. Und das wollen wir ja alle nicht.«

Der afghanische Polizist, der vor dem blau lackierten Eingangstor Wache steht, durchsucht einen Zivilisten. Schröder: »Gefechtsstand, hier Turm, kommen.«

»Gefechtsstand.«

Eine Gruppe Arbeiter hockt dicht gedrängt neben dem Eingangstor.

»Hier Turm, wir haben hier sechs Arbeiter, Maler mit jeder Menge Farbe in Eimern. Die möchten jetzt hier rein. Frage: Ist das angemeldet oder bekannt, dass die heute kommen? Kommen.«

»Hier Gefechtsstand. Der KTF *(Kompanietruppführer)* hat mir weitergemeldet, dass hier mit Malarbeiten gerechnet wird. Insofern kann das durchaus sein, dass es die richtigen Maler sind. Kommen.«

Schröder: »Verstanden. Ende.«

Matthias Chill, der seine Wachschicht im Fahrzeug auf dem Hof absitzt, muss die Arbeiter nun untersuchen, bevor sie den Außenposten der Bundeswehr betreten dürfen.

Schröder: »Jetzt noch mal an selber Stelle wie eben gerade – sechs Mann durchsuchen, ebenso deren Eimer kontrollieren.«

Chill erklärt mir das allgegenwärtige Misstrauen: »Die Bedrohung ist nach wie vor da. Auch wenn man sie nicht sieht, wissen wir ganz genau, dass wir womöglich schon was weiß ich wie vielen Taliban-Typen über den Weg gelaufen sind. Aber da die unbewaffnet hier rumrennen und uns ausspionieren, weiß man das nicht. Das sind ›Zivilisten‹ und fertig.«

Mit Plastikhandschuhen tastet er die Arbeiter ab.

Schröder brüllt ihm von oben zu: »Chill, ihr könnt reinkommen und eure Wachposten da wieder rauslösen.«

Er schaut vom Turm hinunter auf den Hof des Polizeihauptquartiers: »Auf jeden Fall sind wir jetzt, gerade im Morgenbetrieb, total unterbesetzt. Ist total für'n Arsch.«

Auf einem Feld vor dem Polizeiquartier stehen sich zwei hellbraune Hunde mit gebleckten Zähnen gegenüber – knurren und bellen. Körner zu Schröder: »Hunde sind so blöd, die kläffen sich sogar gegenseitig an.« Darauf Schröder: »Menschen sind auch nicht viel schlauer – sonst wären wir nicht hier.«

Tee und Fladenbrot

Morgens um 4 Uhr. Nach einer Pause für Essen und ein paar Stunden Schlaf stehen wir wieder – gefühlt noch immer – auf dem Wachturm des PHQs im südlichen Chahar Darreh. Die Sonne geht auf. Noch ist es angenehm kühl. Die beiden Hunde, die sich gestern angekläfft haben, spielen jetzt ausgelassen auf einem Acker. Ein Bauer treibt seine Ziegenherde durch die Landschaft. Das G82-Scharfschützengewehr ist in Richtung Norden gerichtet. In diese Richtung können die Bundeswehrsoldaten sich noch etwa 500 Meter gefahrlos bewegen. Dann müssen sie mit Sprengsätzen rechnen. Dort hinten verläuft die LOC Cherry *(Line Of Communication: militärisch für wichtige Verbindungsstraße).* Zirka 700 Meter entfernt vom Außenposten im Polizei-Hauptquartier beginnt das »Indianerland«. Nur über so viel Land, wie die Soldaten vom Turm aus überblicken können, hat die Bundeswehr effektiv die Kontrolle. Hinter der Baumreihe und der Lehmmauer ist Schluss. Dort können die Aufständischen sich relativ frei bewegen.

Die Gruppenführer des Foxtrott-Zuges sitzen eng zusammen auf den Feldbetten in der Stube des Zugführers im Polizeihauptquartier. Andreas Isensee weist seine Soldaten in den Auftrag ein.

»Westlich Kunduz ist ein IED gefunden worden. Die IRF-Alpha *(Immediate Reaction Force)* sollte da rausfahren, also auf der LOC Taurus, sollte raus, um das Ding zu räumen ...«

Die Soldaten prüfen die Angabe auf ihren Karten.

»... kurze Zeit vorher gab es einen IED-Strike gegen ein Zivilfahrzeug, das zirka 1,5 Kilometer entfernt durch ein Dorf fuhr. Das Ding wurde komplett zerstört. Da hat man aber keinen Sachstand, man geht davon aus, dass da mehrere Tote drin liegen«, berichtet Isensee.

»Der Chef *(Kompanie-Chef Schellenberger)* will die sehr frühen Morgenstunden nutzen.« Auftrag: Der Foxtrott-Zug – und damit auch Isensee, Schröder und sein Trupp – soll sich weitere IED-Verdachtsstellen auf der Verbindungsstraße LOC Cherry anschauen.

30 Minuten später, es muss jetzt etwa 4:45 Uhr sein, bin ich mit einer Kolonne der Task Force Kunduz kurz vor diesem Sandweg, der in den Norden von Chahar Darreh führt. Ich sitze eingezwängt in einem Schützenpanzer. Neben mir ein Scharfschütze, der Platzangst hat und dem im Schützenpanzer regelmäßig schlecht wird. Ich kann ihn verstehen, der »Marder« bewegt sich auf und ab. Schaukelt wie ein Schiff. Mir tun wegen der Enge die Knie weh, der Scharfschütze kämpft mit dem Magen. Dann die Meldung durch die Luke: »Wir sind jetzt auf der Cherry.«

Es gibt drei Straßen in den Norden von Chahar Darreh. Auf allen dreien wird jeden Tag vor Sprengfallen gewarnt. Die Aufständischen verhindern so, dass die Bundeswehr tiefer in ihre Gebiete eindringt.

Zum ersten Mal spüre ich Angst. Der magensensible Scharfschütze sagt nichts. Ich atme tief durch, denke, jetzt kannst du eh nicht mehr aussteigen. Der Schützenpanzer rumpelt weiter. Es ist eng und heiß. Durch die Luke im Dach des Panzers sehe ich ab und zu den Mond. Niemand spricht. 15 Minuten vergehen so, rumpelnd, schweigend, dann halten wir an. Soweit nichts passiert. Der Scharfschütze und ich steigen aus. Er bezieht Stellung irgendwo im Feld, ich sammle mich mit Schröder und den anderen, die in ihrem Fahrzeug einen Hauptmann vom militärischen Nachrichtendienst transportiert haben. Deshalb hatte ich neben dem Scharfschützen Platz nehmen müssen.

Körner: »Man ist halt schon angespannt. Man weiß ja nie, was passiert.«

Die Soldaten marschieren durch ein Baumwollfeld. Afghanische Kinder stehen an einem Bach und waschen sich – und dazu ein Häuflein Geschirr.

Wir sind an einem COP, einem kleinen Vorposten, angekommen. Zirka 800 Meter weiter, als man vom Polizeihauptquartier überblicken kann. Nur 800 Meter, aber das Bedrohungsgefühl ist da. Der Vorposten wird von afghanischer Polizei und sogenannten lokalen Sicherheitskräften bewacht.

Morgengrauen – besser lassen sich das Licht und die Stimmung nicht beschreiben. Ein paar von den deutschen Soldaten sprechen mit den Afghanen vor Ort. Ich kann ihre Worte nicht hören, aber es klingt aufgeregt, beinahe aggressiv. Sehen kann ich auch nichts, es ist diesig. »Hallo?«, rufe ich. Der Zugführer fährt mich an: »Ruhe! Jetzt nicht!« Die Waffen der Afghanen sind entsichert. Sie sind nervös. Der Sprachmittler der Einheit redet auf sie ein. Nach ein paar Minuten wird es ruhiger.

Ein Missverständnis, jetzt ist es aufgeklärt. Die Afghanen dachten, die Deutschen seien gekommen, um sie zu bekämpfen, sagt mir der Zugführer. Anscheinend haben sich insbesondere die lokalen Sicherheitskräfte noch nicht daran gewöhnt, dass die Bundeswehr nun nicht mehr der Feind ist.

Wie vorher festgelegt, fahren die deutschen Fahrzeuge in das an die Straße grenzende Feld. Ein Parkplatz wird frei geschoben, dort beziehen die Dingos und Fuchs-Transportpanzer Stellung. Später wird ein Bauer Kompensation für die Schäden an seinem Feld verlangen. Zur Abschreckung bleibt – von weitem sichtbar – ein Schützenpanzer Marder stehen. Der Marder ist schweres Kriegsgerät. Aufgrund der verschärften Bedrohungslage wurden die Panzer im Frühjahr 2009 nach Kunduz verlegt.

Die Soldaten gehen in die Hocke. »Sicherung steht!« Isensee zeigt Schröder, wo er sich mit seinem Trupp postieren soll. EODs gehen mit Sonden in der Hand die Straße hinunter. Systematisch wird jeder Zentimeter geprüft. Schröder schaut rüber zu den Sprengstoffbeseitigern. »Gerade diese Ungewissheit, wie man reagiert, wenn ein IED vor oder unter einem hochgeht, die macht einem doch eine gewisse Angst. Respekt vor denen, die das nicht haben, ... also ich wüsste keinen.«

Während die Soldaten die Umgebung sichern und die Sprengstoffbeseitiger die Straße umgraben, fällt mir Hauptmann Paul auf. Etwa 165 Zentimeter groß, rundes Gesicht, in dem ein kräftiger Schnurrbart wächst. Er hat helle Haut und wache Augen. Seinen richtigen Namen kenne ich übrigens bis heute nicht. Er wurde nur Hauptmann Paul genannt oder über Funk Yankee 10.

Zusammen mit seinem Übersetzer ist Hauptmann Paul gerade im Gespräch mit einem Afghanen. Der Afghane trägt keine Uniform, aber eine Kalaschnikow. Er ist der Führer der »lokalen Sicherheitskräfte« (LSF). Die internationalen Truppen wollen den Vormarsch der Aufständischen um jeden Preis verhindern. Ein Rezept scheint die Aufstellung von Milizen zu sein, auch wenn Bundeswehroffiziere darauf achten, dieses Wort zu vermeiden. Stabilisierung auch über lokale Sicherheitskräfte ist Teil der Abzugsstrategie der ISAF. Der im Sommer vergangenen Jahres abgelöste Kommandeur der internationalen Truppen, General David Petraeus, bezeichnete die LSF-Kräfte als »Nachbarschaftswache mit AK-47«. Also als Nachbarschaftswache mit Kalaschnikow.

Wenig später sitzt Hauptmann Paul mit dem Mann bei Tee und Fladenbrot. Der Afghane hat Ähnlichkeit mit dem 2001 getöteten Führer der Nordallianz Ahmad Shah Massoud. Der deutsche Offizier und der Afghane nippen an ihrem Tee, reißen Stücke vom Fladenbrot ab, kauen und unterhalten sich professionell entspannt. Es geht darum, dass die Deutschen demnächst abziehen wollen. Das ist auch in der Provinz Kunduz kein Geheimnis mehr. Die lokalen Sicherheitskräfte wollen Waffen und Geld, um sich gegen die Taliban verteidigen zu können. Waffen kann Paul nicht bieten, aber er könne vielleicht mit Benzin aushelfen. Der Shah-Massoud-Typ scheint nicht uninteressiert.

Pauls Aufgabe ist die Informationsgewinnung und militärische Aufklärung durch HUMINT. Als HUMINT bezeichnet man die Erkenntnisgewinnung aus menschlichen Quellen. Pauls Eltern sind aus Russland nach Deutschland gekommen. Sein Vater war auch schon in Afghanistan – vor knapp dreißig Jahren als Sowjetsoldat. Während jetzt ein Bagger beginnt, die Straße weiter zu öffnen, teilen sich Paul und der Afghane eine Wassermelone. Paul fragt ihn, wer die Taliban unterstützt. »Wer die Taliban unterstützt? Vielleicht der Iran? Das weiß nur Gott.«

An Pauls Hand prangt ein auffälliger goldener Ring in Form eines Löwenkopfes. »Zum Eindruckschinden«, erklärt der Nachrichtenoffizier mir später. »Immer den Chef markieren, sehr wichtig. Sonst respektieren die Afghanen dich nicht.«

Paul zu »Massoud«: »Wir finden immer wieder Sprengfallen. Wer baut denn die?«

Der Afghane weicht aus: »Die kommen nachts, wir sehen sie nicht. Wir können auch nicht überall sein.«

Im Hintergrund kochen sich zwei afghanische Polizisten Tee. Ein anderer wäscht sich im Bach das Gesicht. Ein idyllisches Bild. Dann sehe ich seine Panzerfaust zwischen zwei Ästen am Baum hängen. Und mir fällt auf, dass ich hier der Einzige bin, der keine Waffe hat.

Der Außenposten der Afghanen wurde in der letzten Woche dreimal angegriffen, erzählt der LSF-Führer. Immer in der Nacht. Die Aufständischen sind schnell da, schießen ein paar Salven mit ihren Sturmgewehren, feuern eine RPG (*russische Panzerfaust*) ab und verschwinden wieder im Dunkeln, behauptet er. »Wenn sie kommen, seid ihr nicht hier!« Tatsächlich greifen die Aufständischen vermehrt die afghanischen Sicherheitskräfte an. Sie sind schlechter ausgestattet als die deutschen Soldaten, also auch leichter zu treffen. Außerdem wird die Bundeswehr abziehen. Die lokalen Kräfte bleiben. Der Afghanistan-Krieg wird wieder stärker ein Bürgerkrieg. Die Aufgabe von Hauptmann Paul ist es, dafür zu sorgen, dass die richtige Seite so lange wie möglich die Oberhand behält.

Nach ungefähr drei Stunden ist die IED-Suche beendet. Es wurde an keiner der Verdachtsstellen eine Sprengfalle gefunden. Die Soldaten ziehen ab. In Reihen marschieren sie durch die Felder zu ihren Fahrzeugen. Die afghanischen Sicherheitskräfte bleiben zurück. Fünfzehn Minuten dauert unser Weg »nach Hause« ins Polizeihauptquartier. Ich lege mich aufs Feldbett und schlafe erschöpft ein.

Schura und die Geschichte vom Pferd

PHQ I Polizeihauptquartier Chahar Darreh
Drei Afghanen in Polizeiuniform gehen über den Hof vor dem Wachturm. Sie gehen in Richtung afghanisches Polizeihauptquartier. Schröder sagt mir, der mit dem breiten Gang und dem Schnurbart, das sei der Polizeichef von Chahar Darreh. Die anderen beiden seine Leibwächter. Im Polizeigebäude neben dem Außenposten der Bundeswehr findet heute eine von der Bundeswehr einberufene Schura statt. Die Schura ist in Afghanistan eine beratende Versammlung. Traditionell kommen dabei – auf Grundlage islamischen Rechts – die Stammesältesten und Entscheidungsträger einer Region zur Unterredung zusammen.

Der Kommandeur der Task Force Kunduz – Oberstleutnant Lutz Kuhn – und auch Hauptmann Schellenberger haben zur Schura geladen. Auf afghanischer Seite werden die Stammes- und Dorfältesten der Region sowie Vertreter der afghanischen Polizei und der afghanischen Armee erwartet.

Zwei Afghanen mittleren Alters, wie alt, ist schwer zu erkennen – ein Afghanistan-Kenner sagte mir mal: »Mit 30 sehen Afghanen aus wie 40, mit 40 wie 60 und mit 60 wie 45« –, treten vor dem Raum, in dem die Schura stattfindet, an Hauptmann Schellenberger und seinen Übersetzer heran. Die beiden sind Brüder, erklären sie. Sie sind elegant gekleidet: weiße Gewänder, darüber graue Westen und auf dem Kopf die traditionelle Kopfbedeckung, den Pakul. Eine Mütze, bei der die Seiten aufgerollt werden und dann ein dickes Band bilden, dabei sitzt der Pakul wie ein Barett oder eine Kappe. Beide haben gepflegte, schon teilweise weiße Vollbärte. Ihr Anliegen: Das Pferd des einen Bruders sei bei einem Angriff von ISAF-Truppen getötet worden. Die Brüder behaupten mehr oder weniger glaubwürdig, dass es sich bei dem getöteten Tier um ein Buzkashi-Pferd gehandelt habe.

Buzkashi ist ein traditionelles Reiterspiel in Afghanistan. Ziel beim Buzkashi ist es, auf Pferden eine tote Ziege – manchmal auch ein totes Kalb – zum Preisrichter zu bringen. Gespielt wird jeder gegen jeden. Die Pferde, die beim Buzkashi eingesetzt werden, haben einen besonders kräftigen Körperbau. Kraft und Schnelligkeit sind die wichtigsten Eigenschaften, die ein solches Pferd mitbringen muss. Die Tiere sind so trainiert, dass sie sich von so gut wie nichts aufhalten lassen. Um Angreifer aus dem Weg zu räumen, beißen, treten und drängen sie unerbittlich. Die Pferde sind dementsprechend wertvoll – die Brüder verlangen eine Entschädigung von 2000 Dollar.

Schellenberger sagt seinem Übersetzer *(im Bundeswehr-Deutsch Sprachmittler)*: »Teile den beiden in höflichster Form mit: Der Verlust des Pferdes tut mir leid.«

Der Deutsch-Afghane übersetzt. Die Afghanen nehmen die Beileidsbekundung ebenso höflich auf und bedanken sich in aller Förmlichkeit für die Anteilnahme.

Schellenberger fragt: »Wissen die beiden, welche Nationalität die Soldaten hatten?«

Einer der Brüder antwortet: »Es waren Amerikaner, die in der Nacht kamen. Sie haben Amerikanisch gesprochen. Das haben mir Leute aus dem Dorf erzählt. Sie haben das

Haus neben meinem Haus gestürmt und Granaten abgeschossen. Dabei ist mein Pferd getötet worden.«

»US-Spezialeinheiten, die in der Nacht Taliban-Anführer festsetzen«, sagt mir Schellenberger. Seinem Übersetzer diktiert er: »Sag ihnen, das waren Amerikaner. Ich kann ihnen nicht direkt helfen. Sie sollen einen Antrag über den CIMIC-Offizier des PRT stellen.«

Der CIMIC-Offzier (*Civil-Military Co-operation),* ein junger Mann mit Halbglatze, sonnenverbrannter Haut und einem starken deutschen Akzent im Englischen, ist zuständig für die zivil-militärische Zusammenarbeit, also auch für Schadensersatzansprüche, die sich aus militärischen Aktionen ergeben. Kurz sprechen die beiden Brüder mit dem CIMIC-Mann. Er beteuert, sich zu kümmern. Mir sagt er: »Da wurde wahrscheinlich ein Esel erschossen. Uns erzählt er von einem Buzkashi-Pferd. Am Ende zahlen wir ein normales Pferd. Die Afghanen holen halt raus, was sie können.«

Hauptmann Schellenberger löst sich von den Brüdern, geht ein paar Schritte Richtung Versammlungsraum und wird von einem Dorfältesten angesprochen. Ein älterer Mann mit feinen Gesichtszügen und einem langen weißen Bart.

Der Sprachmittler übersetzt: »Der Mann ist der Vorsteher eines Dorfes in der Nähe des PHQs. Er sagt, er freut sich über die gelegentlichen Patrouillen der deutschen Soldaten.«

Schellenberger lässt übersetzen, dass er froh darüber ist, dass die Patrouillen auf Zustimmung stoßen.

Zunächst lassen die beiden sich über den Sprachmittler weitere Höflichkeiten ausrichten. Der Offizier hat sich ganz offensichtlich die afghanische Form der Höflichkeit angeeignet: Der junge Deutsche und der alte Afghane fragen sich nach dem jeweiligen Befinden, versichern sich des gegenseitigen Wohlwollens und tauschen zunächst Phrasen aus.

Nach ein paar Minuten kommt der Afghane zum Punkt: »Es ist in Ordnung, dass die lokalen Sicherheitskräfte die Gegend vor den Taliban schützen.« Doch Hauptmann Schellenberger solle sie bitte davon abhalten, in seinem Dorf Schuhe zu stehlen. Die »Arbakis« – wie er die LSF-Kräfte nennt – würden sich nicht an die Regeln halten, seit sie für ISAF arbeiten. Immer wieder klauen sie die Schuhe der Dorfbewohner.

Worüber unsereiner schmunzeln muss, ist für den Dorfältesten ein ernstes Problem. Die von ISAF bezahlten Kämpfer sind nicht überall beliebt.

Der Mann mit dem edlen Gesicht redet weiter auf Schellenberger ein: »Eigentlich hätten wir lieber Patrouillen von deutschen Soldaten. Die stehlen nicht, und manchmal verteilen sie sogar Spielzeug und Süßigkeiten an die Kinder.«

Er fügt allerdings hinzu, dass die Deutschen darauf achten sollten, was sie verteilen. Die Gummibärchen zum Beispiel würden Schweineblut enthalten. Für jeden Moslem ungenießbar und eine Sünde.

Schellenberger lässt ausrichten, dass er das Thema ansprechen wird. Außerdem würden die LSF-Kräfte demnächst mit Stiefeln von ISAF ausgestattet. Dann wären sie versorgt und müssten sich nicht mehr bei den Schuhen der Dorfbewohner bedienen. Der Dorfälteste bedankt sich in höflicher Form.

Dann beginnt die Schura. An einer großen Tafel sitzen etwa zwei Dutzend Afghanen aus den umliegenden Dörfern sowie Vertreter der afghanischen Armee und der Polizei.

Am Kopf der Tafel steht Oberstleutnant Lutz Kuhn, der

Kommandeur der Task Force Kunduz, der direkte Vorgesetzte von Hauptmann Schellenberger und zwei weiteren Kompanie-Chefs. Er hat die Verantwortung für die knapp 600 Soldaten der Task Force Kunduz.

Kuhn begrüßt – auch er in aller gebotenen Höflichkeit – den Distriktgouverneur, den Kommandeur der afghanischen Armee (ANA), den Polizeichef und die anwesenden Stammes- und Dorfältesten.

Die Schura soll die verschiedenen Gruppen miteinander bekannt machen. Außerdem möchte Kommandeur Kuhn den Afghanen seine Ziele für die Region darlegen. Dabei geht es immer darum, den Dorfältesten und Stammesführern die Vorteile einer Zusammenarbeit mit den ausländischen Truppen zu vermitteln.

Die Dorfältesten bringen Beschwerden über die Aktionen der ISAF-Truppen vor. Kämpfe in der Nähe von Ortschaften, Bombardements der Amerikaner und mangelnden Schutz gegen die Taliban. Außerdem wünschen sie sich mehr Aufbauarbeit im Norden von Chahar Darreh. Kuhn erklärt, dass Aufbau im Norden nur möglich sei, wenn die Taliban vertrieben sind. Dabei sollen die Dorfältesten helfen. Die wiederum wenden ein, die Taliban könnten mit Hilfe der Bevölkerung nur vertrieben werden, wenn die Menschen den Aufbau durch ISAF spüren.

So beißt sich die Katze in den Schwanz. Die Afghanen wollen erst Aufbau, dann Sicherheit. Die Deutschen bestehen auf Sicherheit und wollen dann den Aufbau voranbringen.

Während nach der Schura Reis und Hammelfleisch gereicht werden, sagt mir Kommandeur Kuhn: »Die Zusammenarbeit stellt sich natürlich unterschiedlich dar. Es gibt solche und solche Kräfte. Einige sind sehr motiviert. Andere haben erst frisch angefangen. Da fehlt es noch, nach unserer Vorstellung, an Verständnis für Recht und Gesetz, wie wir das bei uns eigentlich als selbstverständlich annehmen. Und die große Herausforderung ist es, die unterschiedlichen Gruppen a) zusammenzubringen – wie die afghanische Polizei mit der afghanischen Armee. So dass sie zusammen Operationen durchführen ...«

Die Afghanen kneten mit ihren Händen aus Reis und Hammel mundgerechte Happen.

»... und sich b) nicht als Konkurrenz betrachten, sondern als komplementäres System.«

Der deutsche Oberstleutnant versucht sich hier in Diplomatie. Die afghanische Polizei, die afghanische Armee, die Stammesältesten und die Bundeswehr friedlich an einen Tisch zu bringen, sagt er, das sei an sich schon ein positives Zeichen. Das mag stimmen.

Andererseits: Die Bundeswehr ist schon seit zehn Jahren in Afghanistan. Und noch immer sind es sehr kleine Fortschritte, über die man sich freut.

Kunduz – Hamburg – Kunduz

Am nächsten Morgen verlasse ich die Soldaten für drei Wochen. Ich fliege nach Hause, sehe meine Familie, treffe meine Freunde, schreibe das in Afghanistan Erlebte auf. Die Soldaten machen ihren Job in Kunduz weiter.

Wieder geht es über Termez nach Hannover und von dort nach Hamburg. Die meiste Zeit schlafe ich, drücke nur zwischendurch die Daumen, dass ich die Jungs bei meiner Rückkehr alle gesund wieder antreffe. Wie kann ich das Erlebte einordnen? Vor Ort gelingt mir das selten. Zu sehr ist man mittendrin in der Situation, ein Abrücken unmöglich. In den Ruhephasen? Pennt man, isst, duscht oder versucht sich durch Lesen und Filmegucken auf dem Laptop abzulenken. Und jetzt? Was mache ich aus meinem ersten Monat bei den deutschen Truppen in Afghanistan?

Zunächst mal habe ich begriffen, dass die Soldaten keine homogene Masse in Wüstentarn sind. Jeder einzelne hat seine eigene Motivation dort zu sein, jeder einzelne seine individuellen Gründe, zur Bundeswehr gegangen zu sein. Und auch die Frage nach Sinn oder Unsinn des Einsatzes beantwortet jeder durchaus unterschiedlich. Wobei sich diese Antwort mit ansteigendem Dienstgrad zunehmend der Antwort der Politiker angleicht.

Ich habe gelernt, dass zumindest diejenigen Soldaten, die nicht im Feldlager eingesetzt sind, unter extrem einfachen

Bedingungen leben. Vielleicht sollte jeder Politiker nur einmal persönlich zwei Wochen im Polizeihauptquartier in Chahar Darreh austesten, bevor er sein »Ja«-Kärtchen für eine Verlängerung des Mandats in die Urne werfen darf. Bei der Vorstellung von Sigmar Gabriel oder Patrick Döring auf dem Dixi in der Mittagshitze kann ich mir ein Grinsen nicht verkneifen. Und: Scheint es mir nur so, oder ist die Flugbegleiterin nach einem Monat ohne Frauen – die in Burka ausgenommen – seit unserem Hinflug wirklich noch hübscher geworden? Als ich wieder einschlafe, träume ich von einem PHQ – bevölkert von deutschen Parlamentariern.

Als ich mich zu Hause aufs Sofa fallen lasse, fällt mir Daniel »Gina« Wilds Spruch vom perfekten Tag ein: »... wo man weiß, man ist zu Hause und da gehörst du hin ...« Und trotzdem: Am Morgen darauf sitze ich in Hamburg mit einem Cappuccino in meinem angestammten Café, schaue mir die gut gekleideten Leute um mich herum an und fühle mich – fremd. Kulturschock rückwärts, nach nur vier Wochen.

Drei Wochen später bin ich wieder in Kunduz, Nord-Afghanistan. Diesmal führte der Flug über das Bundeswehr-Camp »Marmal« in Mazar-i Sharif. Das Camp ist auf der einen Seite umgeben von geradezu majestätischen Berghängen – dem Marmal-Gebirge. Ein riesiges Feldlager, das größte der Bundeswehr außerhalb Deutschlands. Zurzeit leisten insgesamt etwa 3400 Soldaten ihren Dienst im Camp Marmal, davon 1800 Deutsche. Außerdem sind dort Soldaten der Vereinigten Staaten, aus Norwegen, Kroatien sowie aus sechzehn weiteren Nationen eingesetzt.

Vom Flugbucher erfahre ich, dass wir wegen eines starken Sandsturms nicht mit der Transall nach Kunduz kommen. Ich soll mit der CH 53 – einem Transport-Hubschrauber der Bundeswehr – weiterfliegen. Also warte ich in der Abflughalle darauf, dass mein Flug aufgerufen wird.

Um mich herum hektische Betriebsamkeit. Die ist hier Alltag. Deutsche, britische, norwegische, holländische Soldaten – die halbe Welt ist in das kleine Afghanistan eingefallen, um Krieg gegen die Taliban zu führen. Seit zehn Jahren sind sie hier, schaffen immer mal einen Schritt vor und müssen dann wieder einen Schritt zurück machen. Allen voran die Amerikaner. Sie stellen die meisten Truppen, und auch hier in der Halle tragen fast alle Soldaten das »Star Spangled Banner« auf der Uniform. Ich erinnere mich an einen Spruch, den ich auf einer Toilettenwand in Kunduz gelesen habe: »ISAF = I Saw Americans Fighting«, also »ich sah Amerikaner kämpfen«. Ob das so richtig ist, weiß ich nicht. Tatsache ist, dass die Amerikaner die meisten Truppen stellen und seit Beginn der Operation über 1700 US-Soldaten gefallen sind und mehr als 15 000 verwundet wurden.

Im Minutentakt gehen Flüge nach Kandahar, Kabul, Bagram und Fayzabad. Soldaten und Material werden hin- und hergeflogen. Aufwand und Logistik sind enorm.

Mein Hubschrauber nach Kunduz wird aufgerufen. Mit Schutzweste und Helm und Gehörschutz in den Ohren stapfe ich über das Flugfeld. Zwei Hubschrauber warten mit geöffneter Heckklappe. Ich nehme im Inneren des vorderen Hubschraubers Platz, dort ist Raum für etwa 5,5 Tonnen oder 36 Soldaten. Auf die geöffnete Heckklappe setzt sich ein Bundeswehr-Soldat. Er soll während des Fluges das Gelände beobachten. Von innen ist der CH 53 mit Kevlarplatten gepanzert. Außerdem sind an den beiden vordersten Tür- beziehungsweise Kabinenfenstern Maschinengewehre angebracht. Außer mir sitzen in dem Hubschrauber deutsche und amerikanische Soldaten sowie ein Mann mittleren Alters in Zivil, aber mit einer kleinen Maschinenpistole neben sich.

Die Hubschrauber-Einheit in Mazar-i Sharif nennt sich »*Nazgul*«- nach den fliegenden Ringgeistern aus dem »Herrn der Ringe«. Wir heben ab – mit offenen Türen und offener Heckklappe für die Bordschützen. Wir fliegen niedrig über Grund, damit die Aufständischen weniger Zeit haben, mit ihren Luftabwehrraketen zu zielen. Plötzlich zischt und knallt es. Zusammenzucken und Umschauen ist eins. Kleine Feuerbälle schießen in den Himmel um uns herum. Anscheinend sehe ich besorgt aus, denn der Beobachter in der Heckklappe schreit mir zu: »Täuschkörper! Die werden automatisch ausgelöst! Das muss nichts heißen! Reagiert auf Reflexion! Kann ein Blitz oder eine Spiegelung gewesen sein!« Ich bin nur halb beruhigt, konzentriere mich auf die Panorama-Aussicht: schneebedeckte Gebirgsketten und die Wüstenlandschaft, in der dann und wann kleine Dörfer auftauchen. Ein hartes, ein schönes Land.

Nach etwa 90 Minuten landen wir im Feldlager Kunduz.

Foxtrott 4 auf Höhe 432

Bei meiner Rückkehr ins Feldlager laufe ich dem Spieß der 3. Kompanie über den Weg. Der Spieß einer Einheit ist die »Mutter der Kompanie« – er kümmert sich um bürokratische Dinge, aber auch um die Post und darum, dass es bei der seltenen »Freizeit« im Feldlager ordentlich Grillfleisch gibt.

Der Spieß der 3. Kompanie heißt Icks. Ein fröhlicher Mann um die Fünfzig. Spieß Icks plant und organsiert außerdem die Versorgung der Soldaten auf den verschiedenen Außenposten. Von ihm höre ich, dass meine Gruppe um Oberfeldwebel Schröder derzeit auf der Höhe 432 in Chahar Darreh eingesetzt ist. Und ich habe Glück: Am nächsten Morgen soll Icks eine Versorgungsfahrt Wasser, Diesel und Verpflegung zu den Jungs von Foxtrott 4 auf die Höhe 432 bringen.

Ich bin gespannt. Die Höhe 432 gilt unter den Soldaten in Afghanistan fast schon als Kult. Ein befestigter Außenposten auf einem staubigen Erdhügel mit Unterständen und Laufgräben. 432 Meter über dem Meeresspiegel. Daher der Name. Gelegen in einem der lange Zeit am härtesten umkämpften Gebiete der Unruheprovinz Kunduz. Zurzeit sei es aber ruhig, versichert mir Icks.

Wie immer geht es im Morgengrauen los. Der Zugführer des Foxtrott-Zuges Andi Isensee führt den Versorgungskonvoi. Wie immer wird auf dem Ehrenhain aufgefahren. Die

Versorgungsfahrzeuge haben schweren Geleitschutz: Zwei Schützenpanzer Marder begleiten den Konvoi. Ich sitze – wie immer mit Schutzweste, Gehörschutz und splitterfester Sonnenbrille – in einem der Versorgungsfahrzeuge. Isensee fragt über Funk die Marschbereitschaft ab, dann setzt sich der Tross in Bewegung. In meinem Magen zieht sich etwas zusammen: Aha, ich bin wieder in Kunduz. Und ich sitze in einem Bundeswehrkonvoi, der ein hübsches Ziel für die Aufständischen abgibt. In den drei Wochen »Heimaturlaub« hatte ich alle Gedanken an Bedrohung schlicht beiseite geschoben.

»Scheiße, was mache ich hier bloß?«

Vorgestern noch in einem gemütlichen Bett neben meiner duftenden Freundin in einem der friedlichsten Länder der Welt aufgewacht – jetzt auf dem Weg zu ungewaschenen Bundeswehrsoldaten auf einem garstigen Außenposten in Nordafghanistan. Ein Land, in dem es permanent nach Fäkalien riecht, in dem ein unsichtbarer Feind Sprengfallen legt. Klar, es muss nichts passieren. Aber es kann.

Also wieder auf stumpf stellen, wie die Jungs. Nicht groß sorgen. Sich daran erinnern, dass Grübeln nichts bringt. Noch gelingt mir das nicht perfekt, aber immer besser. Der Konvoi verlässt das Feldlager und bahnt sich langsam seinen Weg über die staubigen Straßen. Kurz vor der Polizeistation, die ich schon kenne, biegen die Fahrzeuge links ab. Durch die gepanzerten Scheiben erkenne ich in der Ferne einen Hügel – die Höhe 432. Rund 50 Meter breit, 70 Meter hoch. Sie kommt langsam näher.

Seit 2008, seit der Bezirk Chahar Darreh zur Hochburg der Taliban wurde, hat die Bundeswehr dort zunächst zeitweilig, dann permanent Vorposten eingenommen: erst das Polizeihauptquartier, dann ein Stück weiter die Höhe 431 und dann die 432. Der Fuß des Hügels ist mit NATO-Draht gesichert, das etwa 20 Meter hoch gelegene Plateau von Schützengräben durchzogen. Tonnenweise Kies, Sandsäcke und die für jeden Vorposten eingesetzten »Hesco«-Körbe hat die Bundeswehr von afghanischen Arbeitern hier hoch schleppen lassen, um die in alle Himmelrichtungen ragenden Ausgucke und die rustikalen Unterkünfte gegen Feindbeschuss zu sichern.

Höhe 432 – Vorposten der Bundeswehr in Chahar Darreh

Die Soldaten der Versorgungsfahrt und die Besatzung der Höhe umarmen sich, klopfen sich auf die Schulter. Zugführer Isensee kommentiert: »Was mir aufgefallen ist, auch so ein Einsatzphänomen: Männer fassen sich an und umarmen sich.«

Sein Stellvertreter erklärt: »Ja, weil man sich freut, dass man sich sieht.«

Isensee: »Gab es früher nie!«

Hier haben die Männer vom Foxtrott 4 die vergangenen sechs Tage verbracht. Die Jungs begrüßen mich herzlich. Machen ihre Witze darüber, dass ich zu Hause sein durfte, ziehen mich damit auf, wie verdammt gut ich es hätte.

14 Soldaten leben derzeit auf der Höhe. Darunter eine Gruppe Sanitäter und ein Sprachmittler. Oberfeldwebel Juwe Schröder hat das Kommando auf der Höhe 432.

Ich schaue mich um. Könnte ich jetzt meinen Blick auf schwarz-weiß umstellen, würde die Umgebung Fotos gleichen, die ich vom Ersten Weltkrieg kenne. Tief ausgeschachtete Laufgräben ziehen sich durch das Plateau und erinnern an die Frontstellungen von damals. Die Männer leben und schlafen in kleinen, staubigen Unterständen, geschützt nur von Sandsäcken.

Schröder gibt mir eine Führung durch den Vorposten.

Der Rundgang mit dem Oberfeldwebel durch sein kleines Reich verstärkt den ersten Eindruck. Mit etwas Schadenfreude – als er meinen Blick sieht – führt Juwe mich in die in den steinharten Lehmboden gehauenen Schlafnischen. Ausgestattet sind sie bescheiden mit dicht an dicht stehenden Feldbetten und Moskitonetzen, dafür tragen sie exklusive Namensschilder, von »Hilton« bis »Vier Jahreszeiten«. Die aus einem Plastikkanister bestehende Campingdusche ist eine Eigenkonstruktion, ebenso die aus einer Holzstange und zwei Sandsäcken gebastelte Hantelbank. Auch die Feldküche mit ihrem antiquierten Gaskocher für die Zubereitung der Mahlzeiten lohnt einen nachsichtigen Blick. Laut Schröder ernähren sich die Soldaten hier hauptsächlich von EPa, den Einmannpackungen zur Notfallverpflegung.

Es ist noch heißer, noch staubiger hier im Außenposten, das Thermometer steigt auf über 50 Grad, die Wachposten mit ihren schweren Schutzwesten schwitzen schweigend vor sich hin. Die Sturm- und Maschinengewehre der Soldaten sind in Richtung einer friedlich wirkenden Landschaft gerichtet.

Am Fuß des Hügels sehe ich Felder und Baumgruppen. Weizen, Reis, Tomaten oder Melonen bauen die Landwirte in dieser Gegend an. Die Ufer des Kunduz-Flusses sind eine der Kornkammern Afghanistans. Eine verschleierte Frau arbeitet auf dem Acker, vor einem nahen Gehöft sitzen Männer in weiten Gewändern im Schatten, ein Mopedfahrer knattert vorbei. Und auf der frisch geteerten Straße spielen Kinder. Krieg? Von hier oben betrachtet eher eine Idylle.

Nach drei Wochen in Deutschland bin ich wieder bei »meiner« Gruppe Foxtrott 4: Schröder, Chill, Körner und Wild.

Haben die jungen Männer sich innerhalb der Zeit verändert? Mir fällt auf, dass Schröder ernster geworden scheint. Vielleicht eine Folge der Verantwortung, die er hier trägt. Matthias Chill ist gerade schlecht gelaunt und mag nicht viel reden. Daniel »Gina« Wild ist gut drauf, aber schimpft über den Staub, die Hitze, die Dixis und eigentlich über fast alles hier auf der Höhe.

Thorsten »Totti« Körner hat sich seit unserem ersten Treffen in Deutschland am meisten verändert. Damals war er glattrasiert, sah noch mal drei Jahre jünger aus als seine 22 Jahre und machte einen fast unbedarften Eindruck. War zurückhaltend im Gespräch und ein wenig schüchtern. Nun sehe ich ihn mit Drei-Tage-Bart, sein Gesicht rotbraun von der afghanischen Sonne. Er wirkt ausgeglichen, fast entspannt auf mich. Acht Wochen in Afghanistan. Nur unter Männern. Oft unter primitivsten Bedingungen. Körperlich und psychisch gefordert. In einem Umfeld, das ihn nicht nach seinem Alter beurteilt, sondern danach, ob er seine Aufgabe erledigt, und danach, ob er mit den Umständen klarkommt.

Ich höre ein Bellen, und schon stürmen, sich balgend, zwei Hunde im Flegelalter an mir vorbei. Der eine komplett weiß, der andere weiß mit schwarzen Flecken. Hunde? Im Vorposten?

Schröder erklärt es mir: »Das sind Pepsi *(der Weiße)* und Cola *(der Gefleckte)*. Die sind auch entwurmt und medizinisch versorgt. Die kriegen sogar richtiges Hundefutter ...«

Die Hunde rollen sich im Staub. Es scheint ihnen hier gut zu gehen.

»... was sie machen, ist Viehzeug, also gerade Ratten und so was oder Mäuse, und was weiß ich, was hier rumläuft, verjagen ...« Nicht unbedingt Haustiere also, eher Nutztiere.

Ich schaue mich um. Hier oben hat man eine beeindruckende Aussicht auf die Westplatte, auf die Felder und Dörfer in der Umgebung. Der Sonnenuntergang taucht alles in ein fast romantisches Licht. Ich hatte nicht nur die Bedrohung fast vergessen, sondern auch, wie unheimlich schön Afghanistan sein kann.

»... aber nachts pennen die beiden tiefer als die meisten Soldaten. Eigentlich sind sie auch eine Beschäftigungstherapie für Soldaten.«

Während Juwe mir das erzählt, attackiert Pepsi zur Belustigung der Soldaten seinen eigenen Schwanz. Die Stimmung ist gelöst. Und klar: Das hat auch mit Pepsi und Cola zu tun.

Über dem Außenposten hängt eine ausgeblichene, an den Seiten zerrupfte Flagge. Gerade noch erkennbar: Schwarz, Rot, Gold. Der Auftrag der deutschen Soldaten auf dem Hügel Höhe 432 ist das Überwachen und Freihalten der Hauptverbindungswege.

Schröder und ich setzen uns auf ein Feldbett, das vor dem aus Plastikplanen und Holzlatten gefertigten Gefechtsstand steht. Wir hocken dort mit Blick auf die Westplatte und die Ausläufer des Hindukusch. Die militärische Lage in der Umgebung sei im Moment »wie folgt«, berichtet Schröder: »Es gibt Meldungen, dass die Höhe angegriffen werden könnte. Hintergrund des Verdachts ist, dass die Bauern die Felder südwestlich des Vorpostens nicht mehr bewässern.«

Die Aufständischen hätten es ihnen verboten, sie wollen die Bewässerungsgräben zur unbemerkten Annäherung an die Höhe nutzen. So zumindest die Meldung der afghanischen Polizei. Ob das stimmt? Man weiß es nicht.

»Derzeit wirkt es eher ruhig«, sagt Schröder. »Aber ruhig ist es immer so lange, bis etwas passiert.« Außerdem gäbe es Berichte von den Einheiten des militärischen Nachrichtenwesens, dass sich ein Taliban-Führer, der sich nach Pakistan abgesetzt hatte, wieder in der Region Kunduz aufhält. Um den würden sich dann demnächst in der Nacht »andere Kräfte kümmern«, sagt Schröder.

Seit einiger Zeit ist es erklärte Taktik, die Führer der Taliban in Kunduz durch Spezialkräfte festzusetzen oder auszuschalten. Die Soldaten sprechen dann von einem »Hausbesuch« durch deutsche oder amerikanische Spezialeinheiten. Die Spezialeinheit der Bundeswehr in Afghanistan für solche »Hausbesuche« ist die Task Force 47. Im Feldlager Kunduz hat die Einheit einen eigenen Befehlsstand. Anders als bei den US-amerikanischen und britischen Kollegen beteiligt sich die Task Force 47 – zumindest offiziell – nicht an gezielten Tötungen. Während meiner Zeit in Kunduz werde ich durch einen Zufall aus der Rubrik »so klein ist die Welt« noch einen Vertreter der Task Force 47 kennenlernen.

Juwe Schröder und ich sitzen auf dem Feldbett. Ich rauche eine Zigarette, Schröder nicht. Er ist der Einzige bei Foxtrott 4, der nicht raucht. Schröder trinkt auch keinen Kaffee. Wir schauen in die Landschaft. Neben uns bereiten die Sanitäter, die mit uns auf der Höhe 432 sind, das Abendessen vor. Die Atmosphäre hat ein bisschen was von Klassenfahrt oder Zeltlager. Die Jungs von Foxtrott 4 sind heilfroh, dass die Sanitäter mit ihnen hier oben sind. Sie gelten als nette Kerle – und gute Köche. Seit auch für die deutschen Sanitäter in Afghanistan gilt: »Every man is a rifle man«, also frei übersetzt: »Jeder Soldat ist ein Schütze« –, sind auch sie bewaffnet und dadurch bei den Soldaten mit Kampfauftrag noch weiter im Ansehen gestiegen, sagt mir Matthias Chill. Seine Wachtschicht ist gerade um, und er hat sich zu uns gesetzt. Auch Chill zündet sich jetzt eine Zigarette an und schaut in die Landschaft.

Die Sanitäter öffnen Dosen. Unser Speiseplan für heute: Würzfleisch mit Kartoffelbrei, Tomaten und Bacon. Den Bacon haben die Sanitäter bei den Amerikanern bekommen. Die tauschen zur Abwechslung auf dem Speiseplan gerne ihr MRE *(Meal, Ready-to-Eat)* gegen das EPa *(Einmannpackung)* der Bundeswehr.

Sanitäter Alex, 24, der eine perfekt gestylte Elvis-Tolle auf dem Kopf trägt, schneidet Tomaten. Der Gruppenführer der Sanitäter – Hans – sitzt daneben und rührt den Kartoffelbrei an. Er ist 23, wirkt aber um einiges älter. Das mag an seinem buschigen Vollbart liegen oder auch daran, dass er schon einen Einsatz in Afghanistan hinter sich hat.

Die blutrote Sonne verschwindet hinter den Gebirgsketten. Die letzten Strahlen färben die Westplatte dunkelorange. Dann ist es sehr schnell sehr finster.

Das Essen teilen die Sanitäter im Gefechtsstand aus, der auch als Gemeinschaftsraum dient. Das Würzfleisch mit dem Kartoffelbrei und dem US-Bacon schmeckt wunderbar. Jetzt kann ich nachfühlen, warum die Soldaten so gern die Sanitäter dabei haben.

Während des Essens sitzt Schröder neben dem Funk. Plötzlich rauscht es.

»Höhe 432. Hier 3.0.«

3.0 ist die Funkbezeichnung von Kompanie-Chef Schellenberger. Er funkt aus dem Gefechtsstand der 3. Kompanie im Polizeihauptquartier.

»Hier Höhe 432.«

Es rauscht im Funkgerät. Die Verbindung ist abgehackt.

»Wir haben« ... Rauschen ...

»... über die ANP *(Afghan National Police)* die Meldung bekommen, dass der LSF-COP südlich eurer Position unter Beschuss steht.«

»LSF-COP wird angegriffen. Verstanden«, wiederholt Schröder.

»Check ...« Die anderen Soldaten haben nun mit dem Essen aufgehört und versuchen, den schwerverständlichen Funksprüchen zu folgen. Wieder knackt und rauscht es, dann:

»Ihr Auftrag: nach Süden in Richtung des COPs mit Illum beleuchten. 3.0 Ende.«

Schröder funkt zurück: »Höhe 432 verstanden. Mit Illum beleuchten. Höhe 432 Ende.«

Die Illum ist ein Leuchtgeschoss, das aus einer Panzerfaust abgeschossen wird. Schröders Soldaten sollen die Umgebung des Vorpostens der afghanischen Sicherheitskräfte beleuchten, damit diese die Angreifer in der Dunkelheit besser bekämpfen können.

Das Essen wird beiseite gestellt, die Schutzwesten übers T-Shirt gestreift, der Gehörschutz eingesetzt. Die Soldaten stehen auf und laufen Richtung Südstellung. Mir fällt auf, wie routiniert Schröders Soldaten auf den plötzlichen Auftrag reagieren. Es ist jetzt stockdunkel. Auf der Höhe gilt Lichtdisziplin. Die Soldaten tragen kleine, rot leuchtende Lampen, die mit einem Gummizug an der Stirn befestigt sind. Außerhalb der Verschläge ist nur Rotlicht erlaubt, weil rotes Licht nicht so weit strahlt wie weißes Licht. Es ist vom Feind somit schwerer auszumachen.

Als wir mit dem Beleuchtungstrupp in der Südstellung ankommen, hören wir in der Ferne Feuerstöße. Mir geht bei dem Geräusch, das ich nur von den Bundeswehrübungen und aus Filmen kenne, der Puls hoch. Den Soldaten ist keine Nervosität anzumerken. Schröder weist Chill und Körner an. Die beiden bereiten routiniert die Panzerfaust mit der Leuchtmunition vor.

Totti steht mit der Panzerfaust auf der Schulter erhöht

auf ein paar Sandsäcken. Chill hockt hinter ihm auf dem Boden und stabilisiert seine Beine.

Schröder ruft: »Drei, zwei, eins, Feuer!« Ein heller Blitz zuckt auf, durch die Druckwelle fällt mir für einen Moment das Atmen schwer. Selbst durch meinen Gehörschutz ist der Knall ohrenbetäubend.

Das Geschoss jagt in den Himmel, weit entfernt wird es zu einem leuchtenden Ball. Von der Höhe wird der Himmel dort heller, die Umgebung kann man von hier aus nicht erkennen.

Totti grinst mich an: »Macht ganz schön rumms, was?«

Ich frag mich, warum er – der doch die Waffe direkt am Ohr hatte – nicht taub ist. Totti scheint die Frage zu ahnen und schiebt nach: »Ist lauter, wenn man ein paar Meter weg steht. Für mich geht's.«

Schröder schaut in die Ferne, er prüft, ob das Geschoss den richtigen Bereich ausleuchtet. Wohl nicht ganz. »Ein bisschen weiter links, Totti«, ruft er in Richtung Körner.

Totti stellt sich ein bisschen weiter nach links.

»Drei, zwei, eins, Feuer!« Es kracht und leuchtet noch mal. Die Druckwelle lässt meine Hosenbeine flattern.

Immer wieder schießen die Soldaten von der Höhe 432 in Richtung Süden, um die verbündeten LSF-Afghanen im Kampf gegen die – aus Sicht der Bundeswehr – feindlichen Afghanen zu unterstützen. Zum zweiten Mal fällt mir auf, wie sehr der Krieg in Afghanistan ein Bürgerkrieg geworden ist. Ein Bürgerkrieg, in dem eine Seite durch die ausländischen Truppen unter NATO-Führung – dem mächtigsten Militärbündnis der westlichen Welt – unterstützt wird. Seit zehn Jahren wird gekämpft, und der Krieg wirkt heute Nacht sehr präsent und keineswegs entschieden.

»Drei, zwei, eins, Feuer!« – Zischen und Leuchten.

Wir hören in der Ferne immer wieder einzelne Schüsse

und manchmal MG-Salven. Die Aufständischen wissen, dass die Bundeswehr-Soldaten auf der Höhe 432 stationiert sind. Sie wissen aber auch, dass die Soldaten aus Deutschland nicht den Auftrag haben, mitten in der Nacht dem attackierten Vorposten der Afghanen zu Hilfe zu kommen. Schröders Gruppe soll die Höhe 432 halten und die Umgebung überwachen, nicht nachts in unbekanntem Gelände den Feuerkampf suchen. Zudem sollen die afghanischen Einheiten »verstärkt selber für die Sicherheit in der Region sorgen«. Heute Nacht stehen sie unter Beschuss. Das hier ist wohl gemeint, wenn Politiker und Bundeswehrführung von der Übernahme der »Sicherheitsverantwortung« durch die Afghanen sprechen. Wir können das hören.

Irgendwann werden die Schüsse weniger. Nur noch vereinzelt knallt es. Dann merken wir, warum. Wir hören das Schlagen von Rotoren in der Nacht.

Dann der Funkspruch aus dem Gefechtsstand der Kompanie im Polizeihauptquartier: »Beleuchten einstellen. Die US-Kräfte haben ein Air Weapons Team in der Luft.«

»Zwei Apache-Kampfhubschrauber«, erklärt mir Schröder. »Die brauchen keine Beleuchtung, die sehen durch ihre Optik bei Nacht genauso gut wie am Tag.«

Die Aufständischen haben den Beschuss eingestellt.

Juwe Schröder kommentiert das für uns nicht sichtbare, nur hörbare Geschehen in der nun wieder komplett dunklen Ferne: »Die Talibs ziehen sich zurück.«

Gegen die modernen Kampfhubschrauber der Amerikaner haben die Aufständischen kein Mittel. Wir hören das Rattern der Bordkanonen. Dann weiter entfernt Explosionen. »Wahrscheinlich Raketen«, vermutet Chill.

Während unsere Gruppe zusammenpackt, hören wir weitere Explosionen. »Dort muss aber jetzt die Landkarte neu geschrieben werden«, sagt einer der Sanitäter.

Auch die anderen Soldaten freuen sich – nicht laut oder protzig –, aber man spürt die Genugtuung darüber, dass die Angreifer geschlagen wurden. Der Feind wurde von überlegenem US-Kriegsgerät in die Flucht geschlagen, vielleicht getötet. Möglicherweise hat die Beleuchtung der Soldaten den verbündeten Afghanen sogar geholfen, bis die US-Hubschrauber vor Ort waren. Schwer zu sagen, von der Höhe aus hat man nicht viel erkennen können.

Ich lege mich auf das Feldbett in unserem staubigen, mit Sandsäcken geschützten Unterstand. Mein Schlafsack dient nur als Matratze, es ist noch immer zu heiß für eine Decke. Ich liege auf dem Rücken und frage mich, ob es ein Problem ist, möglicherweise sogar verwerflich, dass sich die Soldaten über einen besiegten oder sogar getöteten Feind freuen?

Ich überlege. Angela Merkels erste öffentliche Reaktion auf die Erschießung von Osama Bin Laden durch US-Spezialeinheiten war der Satz: »Ich freue mich darüber, dass es gelungen ist, Bin Laden zu töten.« Dafür wurde sie kritisiert. Das Zusammenwirken der Worte Tod und Freude in einem Satz wurde in Deutschland als unpassend empfunden. Sie musste ihre Aussage umformulieren. Kritik berechtigt. Die Kanzlerin sollte sich nicht öffentlich über den Tod eines Menschen freuen. Selbst wenn es Osama Bin Laden ist.

Bei deutschen Soldaten in Afghanistan ist die Situation eine völlig andere. Sie sind jedes Mal, wenn sie das Feldlager verlassen, als mögliches Ziel der Aufständischen in Lebensgefahr. Und: Auch die Bundeswehr-Soldaten haben den Auftrag, den Feind zu vertreiben und zu bekämpfen, also im Ernstfall auch zu töten.

Körner hat mir dazu erklärt: »Wir dürfen schießen, wenn

wir klar bedroht werden. Wenn wir merken, die kommen auf uns zu und sind bewaffnet. Dass sie halt als Feind aufgeklärt werden.«

Körner und die anderen Soldaten, mit denen ich auf der Höhe bin, haben in ihrer Ausbildung hauptsächlich gelernt, als Einheit so zu funktionieren, dass der Feind besiegt wird. Das heißt, im richtigen Moment, vom richtigen Punkt aus, im Zusammenwirken mit den anderen Soldaten, die verfügbaren Waffen einzusetzen, um den Feind zu vernichten. Gelingt dies, bedeutet das Erfolg für die Soldaten. In diesem Fall, heute Nacht also, wurde der Feind von verbündeten Einheiten zum Rückzug gezwungen, möglicherweise wurden auch Feinde getötet. Aus Sicht eines Bundeswehr-Soldaten hat die eigene Seite heute gewonnen. Das war ein Grund zur Freude. Ich finde die Reaktion der Soldaten nach kurzer Überlegung nicht verwerflich.

Warum mache ich mir darum also so einen Kopf?

Weil ich mich selbst ertappt habe. Ich selbst habe in dem Moment, als die Kampfhubschrauber anfingen, auf die Aufständischen zu feuern, ähnlich gefühlt wie die Soldaten. Auch ich habe einen kurzen Moment Genugtuung empfunden. Der Gedanke gefällt mir ganz und gar nicht. Ich schiebe ihn unters Feldbett und schlafe ein.

Am nächsten Morgen gehe ich rüber in den einzig kühlen Raum auf der Höhe 432 – den Gefechtsstand. Hans, der Gruppenführer der Sanitäter, hat von Schröder den Dienst am Funk übernommen. Schröder schläft nach der langen Nacht noch. Ich setze mich zu den anderen Soldaten zum Frühstück. Es gibt Erdnussbutter mit Crackern – die Reste des Verpflegungspakets der Amerikaner. Dass die US-Soldaten das mit *MRE* abgekürzte Fresspaket auch mit »Meal Rejected by the Enemy« übersetzen – also als Mahlzeit, die vom Feind abgelehnt wird –, scheint die deutschen Soldaten nicht zu stören. Auch ich habe Hunger und schmiere mir dick Erdnussbutter auf die süßlichen Cracker.

Nach diesem überaus gehaltvollen Frühstück gehe ich auf eine Zigarette raus aus dem Gefechtsstand. Im Feldlager Kunduz habe ich mich noch mit einer Stange Marlboro Rot versorgt, meine Marke Marlboro Medium gibt es hier nicht. Wahrscheinlich mögen Soldaten auch beim Rauchen keine halben Sachen. Ich hab mich hier schon an so einiges gewöhnt. Alles erträglich. Trotzdem nervt es, nicht meine gewohnten Kippen rauchen zu können. Ich hätte mir meine Marke ja mitbringen können. Aber: Zigaretten kosten hier fast nichts. Im PRT Kunduz können sich die Soldaten, und kann auch ich mich, beim kleinen Kiosk – dem Marketender – zollfrei mit dem Nötigsten versorgen. Es gibt nicht viel, aber doch alles, was man für den Alltag so braucht: Deo, Taschentücher, Zahnpasta, Gummibärchen, Snickers, Red Bull (immer schnell ausverkauft) und, für die meisten am Wichtigsten, zollfreie, also sehr günstige Zigaretten. Ich zünde mir meine an und schaue mich um.

Juwe Schröder kommt aus seinem abgedunkelten Verschlag. Neben der dicken Plastikplane, die den Eingang notdürftig vor Fliegen und Licht schützt, hängt das Schild mit der Aufschrift »Vier Jahreszeiten«, das mir schon gestern bei meinem ersten Rundgang aufgefallen ist.

»Ja, als Gruppenführer und Oberfeldwebel wird man bei der Bundeswehr exklusiv untergebracht«, nuschelt Schröder noch etwas verschlafen.

Ich werfe einen Blick in die Bundeswehr-Version des Luxushotels, das im Original an der Hamburger Binnenalster steht und an dem ich zur körperlichen Vorbereitung auf den Einsatz immer mal wieder keuchend und schwitzend vorbeigejoggt bin.

Das Hamburger »Vier Jahreszeiten« verheißt seinen Gästen auf seiner Website: *Historischer Charme und großer Luxus prägen das Ambiente des weltweit renommierten Vier Jahreszeiten. Bewusst wird in diesem Haus auf Prunk und Protz verzichtet. Luxus spürt der Gast in diesem Haus anders und ganz besonders außergewöhnlich. In allen Räumlichkeiten spiegelt sich die großartige Geschichte des Hotels wider, jedoch zu keiner Zeit aufgesetzt und künstlich, sondern liebevoll bis ins kleinste Detail gepflegt und absolut authentisch.*

Ein Blick in das »Vier Jahreszeiten« auf der Höhe 432 lässt einen Vergleich durchaus zu: Es wurde auch in Schröders Unterstand *auf Prunk und Protz verzichtet*, nur ein alter Ventilator kämpft ohne großen Erfolg gegen die jetzt konstant steigenden Temperaturen. Und wie im Original spiegelt sich in den *Räumlichkeiten die großartige Geschichte des Hotels wider.* Auch das trifft auf Schröders Behausung zu. Dass hier schon einige schwitzende, müde und fluchende Soldaten häufiger schlecht als geruhsam geschlafen haben, erkennt man an den Kritzeleien auf den Holzbalken, die an der Decke und den Seiten den Unterstand stabilisieren. Mit Filzstiften und Kugelschreibern haben sich Schröders Vorgänger auf dem rissigen Holz verewigt:

Afghanistan ist alles doof... Hitze doof... Taliban doof...
IEDs doof... EPa doof...
Für unsere gefallenen Kameraden: Ruhet in Frieden.
Wir werden Euch nie vergessen
Von Juli 2010 – Januar 2011
Wer das liest. Denk dran: Bald geht es nach Haus!
Noch 14 Tage!
100 Tage nicht gevögelt! Ich dreh langsam durch!

Und viele weitere Unmutsbekundungen über die Höhe 432. Namen von Soldaten, die hier ihren Dienst getan haben, Ortsnamen mit Angaben, wann dort Gefechte stattfanden. Man findet auf den Balken teilweise raffinierte Zeichnungen von dem, was die Soldaten umgibt – Waffen und Fahrzeuge. Sowie Zeichnungen von dem, was es hier oben nicht gibt – unbekleidete Frauen.

Und so passt – irgendwie – auch der letzte Satz der Beschreibung für das Original »Vier Jahreszeiten« auf Schröders staubige Kopie in Afghanistan: *liebevoll bis ins kleinste Detail, gepflegt und absolut authentisch.* Na gut, gepflegt nicht, aber dafür ungelogen: absolut authentisch. Ich frage Schröder, ob er nach zwei Monaten in Afghanistan schon Veränderungen bei sich und seinen Männern bemerkt hat. Die Antwort kommt so prompt, als habe er sich die Frage selbst schon ein paarmal gestellt:

»Ich denke, dass sich jeder von uns in diesem halben Jahr verändern wird. Manche positiv, manche negativ. Und ich hoffe, ich verändere mich nicht so stark, dass es dann irgendwelche Probleme zu Hause gibt.«

Monotonie und Sockenwäsche

Die Tage auf der Höhe sind heiß, trocken, und die Stunden ziehen sich – lang, zäh und quälend. Die Soldaten dämmern, über das Plateau verteilt, vor sich hin. Schröders Platz ist meist im Gefechtsstand. Alle 30 Minuten rauscht das Funkgerät, und die Wachposten melden sich aus ihren Verschlägen:

»Gefechtsstand hier Süd. Ohne Meldung.«

Kurz danach: »Gefechtsstand hier Nord. Ebenso ohne.«

Es gibt einfach nichts zu melden. Die Stimmen der Soldaten tönen blechern aus dem Lautsprecher, ihr Angeödetsein höre ich trotzdem durch. Der Dienst auf der Höhe 432 ist gerade alles andere als spannend.

Ich gehe rüber zur Südstellung und besuche Matthias Chill bei seiner Wachschicht im Morgengrauen. Er sitzt dort in Schutzweste, mit einer Zigarette im Mund, und schaut in die Landschaft. Auch ich muss hier die Schutzweste tragen. Die Umgebung wirkt zwar wenig bedrohlich – ein Bauer mit ein paar Ziegen, auf der Straße Kinder in bunten Gewändern –, aber die Weste ist hier auch für mich Vorschrift.

Wie fühlt sich »Asterix« auf diesem abgelegenen Außenposten?

»Du stumpfst einfach ab. Das ist so ...« Er lehnt sich zurück, atmet tief durch.

»... und du beobachtest und beobachtest, und die restliche Zeit ... da schläfst du, isst du ... rauchst du.«

Er bläst den Rauch seiner Zigarette senkrecht in die Luft.

»Wenn du hier acht Tage am Stück auf der Höhe bist, dann wird es auch so ... bäähh ... aber zwischenmenschlich, das haut schon hin.«

In dem Moment betritt Daniel Wild die Stellung. Wachablösung.

»Guten Morgen!«, begrüßt ihn Chill. »Du bist zehn Minuten zu spät.«

Wild grinst: »Falsch. Sechs Minuten.« Richtig, es ist 5:06 Uhr.

»Du holst aber trotzdem 'nen Cappuccino«, fordert Chill.

»Der Cappu ist alle. Gibt nur noch normales Kaffeepulver aus dem EPa ...«

Chills Miene verfinstert sich. Wild lächelt gemein: »... den kann ich dir machen, mit Milchpulver ... Magermilchpulver.«

Chill winkt ab: »Also, es ist gar nichts los. In der Nacht habe ich ein paar Schüsse gehört. Wahrscheinlich Freudenfeuer. Bestimmt wieder eine Hochzeit oder so ...«

Wild übernimmt den Platz von Chill. Der zieht sich jetzt zum Schlafen in seinen Verschlag zurück.

Ich bleibe neben Wild sitzen: »Das Einzige, was mich hier tierisch nervt ...«, sagt er, »... wenn du hier duschen gehst und dann zwei, drei Meter läufst, bist du gleich wieder dreckig.« Pause. »Aber wenigstens seine Ruhe hat man hier.«

Recht hat er. Ruhe, Stille, Weite, die hat man hier oben ohne Ende. Auf den Holzbalken auch hier im Gefechtsstand haben Soldaten Botschaften hinterlassen. Direkt über mir steht: »Noch 160 Tage ... FUCK!«

»Boah, das ist so langweilig. Das geht gar nicht«, stöhnt Wild.

Er schaut sich um: »Nicht mal Bauern auf den Feldern. Oder ein kleines Kind mit seinen Ziegen. Oder Rinder.«

Seine zwei Stunden Wachschicht verstreichen lähmend langsam und ohne das geringste Vorkommnis. Alle 30 Minuten meldet Daniel Wild per Funk an den Gefechtsstand: »Süd. Ohne Meldung.«

Schröder liegt auf der selbstgebauten Hantelbank in der Mitte des Plateaus. Wieder und wieder drückt er die Gewichte über seinen Oberkörper. Dann hat er sein morgendliches Training abgeschlossen. Er wischt sich den Schweiß von der Stirn, setzt sich auf die Bank.

Wie läuft es bei ihm zu Hause?

Schröder lächelt: »Meine Tochter macht Fortschritte, sie kann sich jetzt schon alleine hochziehen. Und vier Zähne hat sie oben bekommen.«

Wenn Juwe von seiner Tochter spricht, sind Ernsthaftigkeit und Anspannung aus seinem Gesicht wie gelöscht. Wenn er wie jetzt auf der Hantelbank sitzt und von der Kleinen erzählt, spricht nicht der Gruppenführer, nicht der Oberfeldwebel der Bundeswehr, sondern nur noch der stolze Papa. Einer, der seine Tochter vermisst. Zwei Monate ihres Lebens hat er schon verpasst. Als Schröder nach Afghanistan flog, war Lotta acht Monate alt.

»Die Zähne, das Krabbeln, das Hinsetzen, das Hochziehen. Wenn man das alles verpasst, fühlt sich das natürlich ganz schön Scheiße an. Aber durch solche Sachen wie Skype habe ich sie jetzt schon krabbeln sehen – live – mit einer Fünf-Sekunden-Verzögerung …«

Schröder stockt kurz. Guckt über den Außenposten, als müsste er sich wieder vergewissern, wo er ist.

»… aber danach fällt einem das, wenn die Kamera aus ist, wieder richtig schwer, dass man das alles nicht mitbekommt. Man macht sich auch Gedanken, ob es das alles wert ist …«

Pause. Dann, pflichtbewusst: »Aber es gibt auch immer wieder Situationen, wo man weiß, warum man hier ist.«

Die Phasen der Eintönigkeit habe ich total unterschätzt. Alltagsroutine, Durchhängen, Leerlauf – das hatte in meiner Vorstellung von dem Einsatz keinen Raum. Jetzt erlebe ich es: Es ist langweilig, es ist stumpfsinnig. Der Dienst der Soldaten hier oben bedeutet auch: geradeaus in die Landschaft gucken. Und da passiert meist nichts. Wir hocken auf diesem verdammten Hügel, und ich frage mich, wieder einmal, was wir hier machen. Und nicht nur ich, auch die Soldaten fragen sich manchmal, was sie hier tun. Aber sie tun es: Sie bewachen einen dreckigen, kahlen, staubigen Hügel.

Nach neun Tagen auf der Höhe 432

Daniel »Gina« Wild hockt neben einer hellblauen Plastikschüssel. Aus 0,5-Liter-Flaschen füllt er Wasser in die Schüssel. Neben ihm liegt ein Häuflein Wäsche. Socken, Unterhosen und T-Shirts. In die Schüssel kommt nun Rei aus der Tube. Selbst ist der Mann. Mutter, Freundin und auch die Bundeswehrlogistik – alle, die den jungen Soldaten sonst die lästige Pflicht abnehmen könnten –, sie sind weit, weit weg.

Also scheuert Daniel seine Socken selbst. Spätestens nach der dritten Socke ist das Wasser eine braune Suppe. Der Dreck auf der Höhe dringt tief ein. Während Wild seine Wäsche macht und darüber flucht, dass seine Mutter das hier nicht eben mal übernehmen kann, kommt er auf die letzten Telefonate nach Hause zu sprechen:

»Meiner Mutter erzähl ich eigentlich nicht so viel. Weil ich ganz genau weiß, die macht sich Sorgen. Wir sprechen zwar, ich hab ihr auch mal geschrieben, Bilder geschickt, wie es hier aussieht. Aber eigentlich sag ich nur, dass das Wetter schön ist und dass es mir gut geht. Das reicht, mehr wollen die auch gar nicht hören.«

Plötzlich aufgeregte Rufe von der Südstellung. Matthias Chill schaut durch das Fernglas. Schröder kommt heran. »Was gibt's?«

Chill: »Auf der Straße da hinten geht ein Junge mit irgendwas in der Hand. Sieht aus wie eine Waffe. Er kommt auf uns zu.«

Die Soldaten sind alarmiert. Jetzt hat auch Schröder ein Fernglas in der Hand.

Gespannte Stille. Dann Entwarnung: »Das ist ein Spielzeug-Gewehr«, ruft Chill.

Schröder atmet hörbar aus: »Alter Schwede. Spinnt der?«

Als der Junge näher kommt, lässt Schröder den deutsch-afghanischen Sprachmittler Kontakt aufnehmen. Auf Dari ruft er dem Jungen am Fuß der Höhe zu: »Hallo, wie geht's? Was hast du da in der Hand? Was ist los?«

Der afghanische Junge winkt mit dem Plastikgewehr.

Der Sprachmittler ruft: »Warum kommst du in diese Richtung?«

Der Junge antwortet nicht, reagiert nicht.

»Das ist gefährlich. Wir könnten auf dich schießen.«

Chill und Körner beobachten die Szene. Der Deutsch-Afghane erklärt den Soldaten: »Der spielt nur. Ich habe ihm gesagt, dass das super-gefährlich ist ...«

Die Stimmung entspannt sich. Die Soldaten sind erleichtert, nicht überreagiert zu haben.

»... wir können nicht wissen, ob das echt oder nicht echt ist. Dann erschießen wir ihn, und dann heißt es, wir haben einen Zivilisten erschossen.«

Später erzählt mir der Sprachmittler, dass er den Eindruck hatte, der Junge sei geistig etwas zurück, etwas schwer von Begriff gewesen. Das wäre eine Erklärung für seinen riskanten Auftritt.

Chill und Körner stehen zusammen neben der Hantelbank in der Mitte des Vorpostens. Chill mit Cornflakes, Totti Körner in Boxershorts, ohne T-Shirt, aber in der Hand sein G36-Sturmgewehr. Was ist das denn? Abenteuercamp? Nicht nur ich muss lachen, als ich die beiden so sehe, die anderen Soldaten tun es auch. Wenn sie keine Wache haben, laufen sie ohne T-Shirt mit kurzen Hosen oder Boxershorts und in Flip-Flops über den Außenposten. Hier oben kümmert sich keiner um die Kleidervorschriften. Ich frage Körner und Chill nach ihrer Freundschaft

Chill sieht das so: »Mit Totti war ich schon vor dem Einsatz dicke. Während der ganzen Vorübungen. Er ist ja auch schon drei Jahre beim Bund ...«

Die beiden sitzen nebeneinander, vertraut wie ein altes Ehepaar. Chill nimmt immer wieder einen Löffel von seinen Cornflakes, Totti checkt seine Waffe durch.

»... drei Jahre arbeiten wir zusammen. Aber durch den Einsatz sind wir noch mehr zusammengewachsen. Noch dazu, dass wir uns 'ne Stube teilen. Ja, so hat sich das ergeben. Und die Chemie passt. Und von daher sind wir hier dicke Kumpels geworden.«

Am frühen Abend sollen die Soldaten nach knapp zehn Tagen auf der Höhe abgelöst werden. Chill packt Rucksäcke und Ausrüstung in den Laderaum des Foxtrott-4-Dingos am Fuß des Hügels.

Schröder organisiert am Funk die Details der Übergabe: »Hier Foxtrott 4. Gestern war die letzte Meldung, dass wir einfach so abgeholt werden und dann nur mit unseren Fahrzeugen fahren ...«

Die Sonne geht langsam unter. Die andern Soldaten sitzen herum. Zwei spielen mit Pepsi und Cola – unseren beiden kläffenden Mitbewohnern auf der Höhe.

»... Problem ist, ich würde mit unseren Fahrzeugen das Material, das wir hier haben, nicht mitbekommen. Kommen.«

Am Funk ist der stellvertretende Zugführer: »Jaaa, also ... da gibt es eine Lageänderung. Die 2. Kompanie hat Personalausfall. Ihr bleibt für die 2. noch mal zehn Tage da oben ...«

Reaktion der Soldaten: Alles auf HALT. Schröder glotzt ungläubig. Dann hat er verstanden und grinst. War nur ein kleiner Scherz.

»Nein, es läuft wie folgt ... wir warten noch auf die Versorgungsfahrt, die laden den Rest auf. Dann sollte das klappen. Bis später.«

Schröder, erleichtert: »Das hört sich ja mal nach einem Plan an. Kommen.«

»Ja, denkst du, hier sitzen Amateure, oder was?«

Schröder und die wartenden Soldaten grölen.

Schröder in sein Funkgerät: »Darauf antworte ich jetzt lieber nicht.«

Endlich. Nun aber ab ins Feldlager. Ein echtes Bett, saubere Toiletten, warme Duschen und die Kantine. Auch ich kann mir jetzt keinen schöneren Ort vorstellen als das Feldlager. So weit bin ich schon.

Ehrenhain und Staubwolken

Unsere Fahrt ins PRT Kunduz verläuft ohne Vorkommnisse. Die Vorfreude auf den Luxus im Feldlager schickt das Bedrohungsgefühl ins Unterbewusstsein.

Die Schranke des Feldlagers öffnet sich, die Kolonne passiert Wachposten und MG-Nester, dann fahren wir auf dem Ehrenhain des Feldlagers auf. Zivilisation. Sicherheit. Unser »Zuhause«, während wir in Afghanistan sind.

Der Ehrenhain dient auch als Gedenkstätte für die in Kunduz gefallenen Bundeswehr-Soldaten.

Nachdem wir unsere Schutzwesten abgelegt haben, stehe ich mit Schröder vor dem mit Blumen und einem Eisernen Kreuz geschmückten Rondell. Eine Tafel mit der Aufschrift: »In ewiger Treue vereint.« Über die Backsteinmauer verteilt kleine Messingschilder mit Namen und Todestag der Soldaten, die hier in Kunduz ihr Leben gelassen haben. Ich frage Juwe Schröder nach der Verantwortung, die er für seine Jungs trägt:

»Die ist sehr groß. Man malt sich im Kopf Sachen aus, wo vielleicht dem ein oder anderen etwas zustoßen könnte. Was ich versuche: so viel wie möglich an Disziplin und Sicherheit hochzuhalten ...«, sagt Schröder und hält den Blick fest auf die Namensschilder der Getöteten gerichtet, »... so dass ich mir keine Vorwürfe machen muss, dass durch irgendeinen Fehler von uns einem meiner Soldaten oder einem aus dem Zug etwas passieren könnte.«

Bevor wir auf unsere Stuben im Wohnblock »Leipzig« gehen, wollen die Jungs von Foxtrott 4 sich beim Spieß noch die anstehenden Termine und Zeiten für die nächsten Besprechungen abholen. Schröder will außerdem wissen, wann die anderen Einheiten der Kompanie ins Feldlager kommen.

Als wir im Kompanie-Gefechtsstand eintreffen, ist die Stimmung dort angespannt. Irgendetwas muss passiert sein. Wir sollen den Gefechtsstand verlassen. Zwischen den Zelten stehen Soldaten anderer Züge herum. Überall besorgte Gesichter, erregtes Gemurmel. Was ist los? Es gab wohl einen IED-Anschlag auf den Golf-Zug. Offensichtlich war Hauptmann Schellenberger auch mit dem Zug unterwegs. Ob es Schäden, Verletzte oder gar Tote gab, darüber wissen die Soldaten noch nichts.

Der erste IED-Anschlag auf die 3. Kompanie. Die Soldaten wussten, dass der Moment kommen würde. Sie hatten schon mehrmals Glück gehabt. Mal wurde die IED vorher gefunden, mal ist der Sprengsatz nicht explodiert. Dennoch wirken die jungen Männer geschockt. Die Angst um die Kameraden und den Kompanie-Chef kann man auf ihren Gesichtern lesen.

Dann tritt ein Offizier aus dem Befehlstand: »Eine IED hat zwischen dem 3. und 4. Fahrzeug des Golf-Zuges umgesetzt. Möglicherweise zwei Leichtverletzte. Aber nichts Schlimmes. Der Zug kann mit allen Fahrzeugen ins Feldlager kommen.«

Die Erleichterung, die Freude der Soldaten ist greifbar. Man klopft sich auf die Schulter. Zwei umarmen sich. Und auch ich atme tief durch. Wenn einem der Soldaten etwas zugestoßen wäre, ich wüsste nicht, wie ich damit umgegangen wäre. Klar, es sind nicht meine »Kameraden«, aber ich kenne sie. Teilweise nicht nur oberflächlich. Mit Hauptmann Schellenberger habe ich lange Gespräche geführt, ich habe seine Frau und seine Tochter getroffen. Wieder begreife ich, dass Neutralität in solchen Situation fast unmöglich ist – weder vom Kopf her noch vom Bauch. Gefühle ausschalten? Ausgeschlossen. Nicht menschenmöglich.

Am frühen Abend treffe ich Hauptmann Schellenberger im Gefechtsstand. Ich will mit ihm über den IED-Anschlag sprechen. Er sitzt an einem kleinen Schreibtisch, hinter ihm eine große Karte der Region Kunduz mit der Aufschrift »NATO-Restricted«.

An die Wand gegenüber strahlt ein Beamer die Liveübertragung einer Drohne. In schwarz-weiß sieht man Felder und Dörfer. Schellenberger tippt noch schnell etwas in seinen Computer, dann begrüßt er mich. Er wirkt gefasst.

Wie hat er, der militärische Führer der Kompanie, diesen Anschlag erlebt?

Schellenberger blickt auf die Tischplatte aus hellem Holz. Er spricht ruhig und sachlich. »Unmittelbar vor uns eine heftige Detonation, dann ging diese riesige Staubwolke hoch, ich vermute 30 bis 40 Meter. In der ist das Fahrzeug, das vor mir fuhr, völlig verschwunden.«

Was hat er gefühlt?

»Mir ist in dem Moment, das kann ich ruhig sagen, wirklich erst mal das Herz stehengeblieben ... Das war die Phase, wo ein unheimlicher Adrenalin-Ausstoß da ist und die unheimliche Sorge um die Jungs, die da gerade in dieser Detonation vor mir verschwunden waren ... Dann war Stille, es dauerte gefühlt minutenlang ...«

Er schaut hoch zum Beamer, dann wieder auf die Tischplatte, dann mir ins Gesicht.

»... und als dann der Funkspruch kam, ›es sind alle save,

wir sind alle durch‹, ist mir ein echter Stein vom Herzen gefallen.«

Bei diesem Einsatz, sagt Schellenberger auf seinem Stuhl an seinem kleinen Schreibtisch im Gefechtsstand, sei seine Verantwortung für die Soldaten seiner Kompanie »so konkret geworden, wie das vorher einfach noch nicht der Fall war. Und am intensivsten eben jetzt bei diesem Anschlag«.

Ob man das, was die Bundeswehr in Afghanistan macht, Krieg nennen soll oder darf, wurde 2009/2010 in Deutschland heiß diskutiert. Ergebnis der Debatte: juristisch, im Sinne des Völkerrechts, wohl kein Krieg; für die Soldaten gefühlt natürlich Krieg. Politiker benutzen nun, um beiden Erkenntnissen Rechnung zu tragen, den verschwurbelten Terminus: *kriegsähnlicher Zustand.*

Für mich hat damals der Chef der Instandsetzungskompanie (InstKp) die Diskussion beendet. In seine Halle wurden die von IEDs zerstörten Fahrzeuge gebracht. Auf die Frage des Reporters nach der Begrifflichkeit antwortet er: »Wir spülen hier mit dem Kärcher das Blut unserer Kameraden aus den zerfetzten Fahrzeugen. Das ist es, was hier in Kunduz passiert. Glauben Sie, es schert mich, wie die Politiker in Berlin das nennen?«

Auch heute interessiert derlei Begrifflichkeits-Gedöns in Afghanistan keine Sau – nicht die Soldaten und schon gar nicht die Taliban. Tatsache ist, dass in dem Gebiet, in dem wir uns tagtäglich bewegen, beide Seiten – Bundeswehr und Aufständische – Waffen tragen und auch einsetzen. Waffen sind zum Töten gemacht – Sturmgewehre, Panzerfäuste, Sprengfallen, Granaten, Maschinengewehre, Minen und vieles mehr, die Liste ließe sich seitenlang fortführen. Beide Seiten setzen diese Waffen gegeneinander ein. Beide Seiten wollen den jeweiligen Gegner töten.

Spätestens, als der angesprengte Schützenpanzer-Marder auf den Ehrenhain fuhr, wurde das mir und den Soldaten der 3. Kompanie wieder mal unmissverständlich vor Augen geführt. Wir sahen eingedellten Stahl, das zerfetzte Tarnnetz, tiefe Schrammen, die zerstörten Schutzaufbauten und die Soldaten mit komplett braunen Gesichtern von der Staubwolke. Aber sie haben gegrinst. Sie leben, sie sind unverletzt.

Neutralität als »tief integrierter« Journalist?

Am Abend liege ich frisch geduscht und wohlig in eine echte saubere Decke eingehüllt auf meiner Stube im Feldlager Kunduz. Erst hier und jetzt finde ich die Ruhe, über meine seltsame Reaktion in der Nacht auf der Höhe 432 nachzudenken. Zur Erinnerung: Aufständische hatten einen Außenposten verbündeter Afghanen angegriffen. Ich hatte Genugtuung empfunden, als die amerikanischen Kampfhubschrauber ihre Raketen auf die Angreifer abfeuerten und sie vertrieben. Außerdem ist auch meine Erleichterung über den glimpflich verlaufenen IED-Anschlag auf Hauptmann Schellenberger und den Golf-Zug noch frisch.

Beide Ereignisse führen dazu, dass ich meine Neutralität als Journalist auf den Prüfstand stelle. Und vielleicht hat sich der eine oder andere Leser ja auch schon gefragt, wie ich es damit halte.

Ich habe mir, als ich dieses Projekt geplant habe, vorgenommen, als Zivilist – noch dazu als Journalist – wenn schon nicht objektiv, dann zumindest neutral zu sein. Auf keinen Fall wollte ich mich in diesem Konflikt auf eine der beiden Seiten schlagen. Unabhängigkeit und Neutralität machen auch für mich guten Journalismus aus. Amerika geht im Hinblick auf US-Soldaten im Krieg damit anders um. Dort berichtet man über die »Boys« in den US-Einsatzgebieten mit viel Empathie. Das ist in Deutschland nicht so. Hier wird über den Krieg in Afghanistan neutral bis kritisch

1 Ein hartes, schönes Land: Afghanistan im Spätsommer 2011. Unwirkliches Licht im Sonnenaufgang auf der Westplatte, Provinz Kunduz. Zwei Soldaten flankieren den Dingo »Foxtrott 4«.

2 Hauptmann und Vater: Dominic Schellenberger mit seiner kleinen Tochter Minuten vor dem Abflug nach Afghanistan: »Ich bin erst vor kurzer Zeit Vater geworden. Das war ein Augenblick, der meine Auffassung – nicht unbedingt vom Beruf, aber vom Leben – nachhaltig beeinflusst hat.«

3 2. Juli 2011 morgens um 7 Uhr, Kunduz-Airfield: Die Transall ist gelandet. Durch die Heckklappe strömen die Soldaten des Panzergrenadierlehrbataillons 92 aus Munster ins gleißende Licht. In ihren fest geschnürten Stiefeln machen sie die ersten Schritte auf afghanischem Boden. Eindruck: Es ist heiß, es riecht anders, die Luft schmeckt staubig. Und die Sonne verbrennt schon jetzt jede Farbe.

4 bis 6 Erste Eindrücke am Beginn des sechsmonatigen Einsatzes. Kann man Afghanistan kontrollieren? – *Oben* Hinterlassenschaft: Ausgebrannte russische Hubschrauber am Flugfeld von Kunduz. – *Mitte* Empfang: »Unser« Dingo Foxtrott 4 im Feldlager Kunduz. – *Unten* Antreten: Die Task Force in Reih und Glied zur Kommando-Übergabe.

7 bis 9 Vorbereitungen für Aufgaben außerhalb der Schutzburg des Feldlagers. – *Links oben* Im Feldlager: ernste Gesichter bei der ersten Befehlsausgabe für den Foxtrott-Zug. – *Oben* Ernstfall: Ein Soldat markiert den Stiefel mit seiner Blutgruppe, damit die Sanitäter im Notfall bei Blutverlust sofort Bescheid wissen. – *Links* Sorgfalt: Stabsgefreiter Matthias Chill, Spitzname »Asterix« (26), und Stabsgefreiter Thorsten Körner, Spitzname »Totti« (22), von Foxtrott 4 beim konzentrierten Vorbereiten der Waffen und Magazine.

10 Kulturschock: Obergefreiter Daniel Wild (24), Spitzname »Gina«: »Sobald man rausfährt, sieht man nur noch Gebäude aus Lehm, in denen Familien hausen, zum Teil fünfzehn Leute. Die Wege sind voll mit Exkrementen von dem Vieh. In der ersten Zeit fand ich das widerlich, aber man gewöhnt sich daran.«

11 Kameraden: Thorsten Körner und Matthias Chill albern mit anderen Soldaten des Foxtrott-Zuges auf dem Gelände des Polizeihauptquartiers (PHQ) herum. »In unserer Gruppe«, sagt Daniel Wild, »das ist wie eine Freundschaft. Nicht so dienstlich angespannt.«

12 Feierabend: Oberfeldwebel Jan-Uwe Schröder, Spitzname »Juwe«, Daniel Wild und ein weiterer Soldat bei der Rückkehr von einer Patrouille. Schröder ist der Kommandant des Dingos Foxtrott 4, 26 Jahre alt und als Gruppenführer für seine Soldaten verantwortlich.

13 Flexible Planung: Befehlsausgabe unter freiem Himmel vor einem Dingo. Allmählich gewöhnen sich die Soldaten daran, auch für militärische Besprechungen nicht immer ein festes Dach über dem Kopf zu haben wie im Feldlager.

14 »Kultstätte« Höhe 432: Dieser befestigte Außenposten auf einem staubigen Erdhügel 432 Meter über dem Meeresspiegel gehörte lange Zeit zu den am härtesten umkämpften Gebieten der Unruheprovinz Kunduz.

15 »Drei, zwei, eins, Feuer!«: Der LSF-COP (Vorposten der lokalen Sicherheitskräfte) ist angegriffen worden. Die Gruppe des Foxtrott 4 schießt von Höhe 432 aus Illum, also Leuchtgeschosse, in die Umgebung des Vorpostens, um die Bekämpfung der Angreifer in der Dunkelheit zu erleichtern.

16 Männerwirtschaft: Eine »gemütliche Stube« auf Höhe 432. Ordnung halten ist hier weder möglich noch Dienstvorschrift, solange jeder Soldat Helm, Schutzweste und Waffen jederzeit greifbar hat.

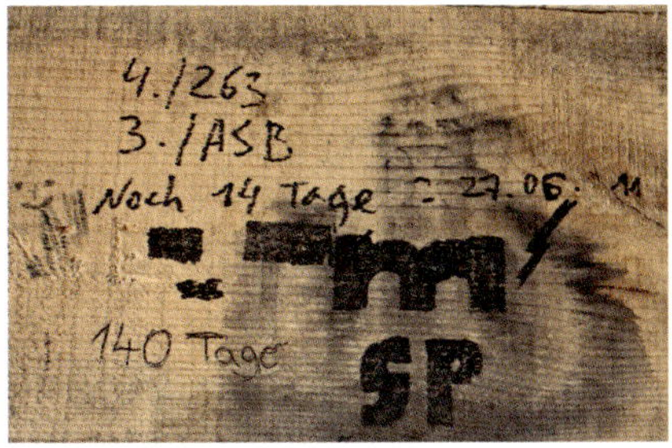

17 und 18 Höhlenmalerei: Auf Höhe 432 gibt es keine Stuben im eigentlichen Sinne, sondern in den steinharten Lehmboden gehauene Schlafnischen. Auf den Stützbalken haben sich Vorgänger mit sehnsüchtigen Zählwerken oder der Zeichnung ihrer (Lieblings)-Waffe verewigt.

19 Etwas fürs Gemüt: Eines Tages waren sie auf einmal da – zwei junge Hunde, die sich auf Höhe 432 fröhlich herumbalgten. Die Soldaten nannten den weißen Pepsi und den gefleckten Cola. Inzwischen gehören die beiden zum Stammpersonal, sind entwurmt, medizinisch versorgt und bekommen richtiges Hundefutter. Zum Dank verjagen Cola und Pepsi Ratten, Mäuse und was sonst so auf der Höhe herumkreucht.

20 und 21 Die Barrieren zwischen den ausländischen Soldaten und der einheimischen Bevölkerung scheinen kaum zu überwinden. Das spüren auch die »Jungs« von Foxtrott 4. – *Oben* Bundeswehr-Soldaten auf einer Patrouille in Kunduz. – *Unten* Ein afghanischer Junge beobachtet einen Soldaten.

22 und 23 – Links Schüchternes Mädchen wagt einen Blick auf die Fremden. – *Rechts* »Gut gefülltes« Auto und Frauen, die mit der traditionellen blauen Burka verhüllt sind. – Zwischen der Lebensrealität der afghanischen Bevölkerung und der Welt ihrer »Beschützer« scheinen Jahrhunderte zu liegen.

24 Ein Marder-Schützenpanzer als Warnung für die Taliban. Der unsichtbare Feind ist allgegenwärtig. Als abstrakte und eben doch konkrete Gefahr. Abstrakt, weil nicht immer etwas passiert. Konkret, weil jedes Mal etwas passieren könnte. Jedes Mal, wenn die Soldaten das Feldlager verlassen.

25 und 26 Als Kanister getarnte IEDs – selbstgebaute Sprengfallen – am Weg von Foxtrott 4. – *Links* Beseitigung der IED durch gezielte Sprengung – »da haben wir aber heute alle ein Scheiß-Glück gehabt.« – *Rechts* Die als Abfall kaschierten Sprengfallen sind derzeit die größte Gefahr für die Soldaten. Vergraben, versteckt, schwer zu entdecken, leicht herzustellen – geringer Aufwand, schreckliche Wirkung mit den meisten Opfern unter deutschen Soldaten.

27 Kämpfer der lokalen Sicherheitskräfte mit geschultertem Raketenwerfer. In die nicht unumstrittene internationale Abzugsstrategie des »Partnering« sind die oft abenteuerlich aussehenden Kämpfer der lokalen Sicherheitskräfte eingebunden.

28 Afghanischer Polizist bei der Mittagspause. Ob Teile der afghanischen Polizei nach Abzug der internationalen Truppen wieder zu den Taliban überlaufen, bleibt abzuwarten. Hauptmann Paul: »Afghanen kann man nicht kaufen, man kann sie nur mieten.«

29 Afghanische Soldaten beim Fußballspiel auf einem Vorposten. – Jonathan Schnitt: »Die ANA (Afghanische Nationale Armee) habe ich in Kunduz als unbestechlich und diszipliniert erlebt.«

30 Deutsche Soldaten ruhen sich auf freiem Feld aus. – »… die 15-Kilometer-Märsche bei 35 bis 40 Grad. Die Erfahrung, nach 5 Kilometern aufgeben zu wollen – aber zu begreifen, dass dies kein Sportevent ist, ich nicht stehen bleiben kann, ich weiter muss«.

31 Scharfschütze hält schwitzend Wache. – Sturm- und Maschinengewehre sind auf eine friedlich wirkende Landschaft gerichtet. Ein Eindruck, der trügerisch sein kann.

32 und 33 Provisorischer Schlafplatz aufgehübscht. – Matthias Chill »chillt«. – Freude über kleine Annehmlichkeiten.

34 Wäsche trocknen auf Außenposten. – Selbst ist der Mann. Aus der 0,5-Liter-Flasche kommt Wasser in die Schüssel. Spätestens nach der dritten Socke ist das Wasser eine braune Suppe. Der Dreck dringt tief ein.

35 Wäsche trocknen drinnen. – »Ich habe gelernt, dass zumindest diejenigen Soldaten, die nicht im Feldlager Kunduz eingesetzt sind, unter extrem einfachen Bedingungen leben. Vielleicht sollte jeder Politiker nur einmal persönlich zwei Wochen im Polizeihauptquartier in Chahar Darreh austesten, bevor er sein ›Ja‹-Kärtchen für eine Verlängerung des Mandats in die Urne werfen darf.«

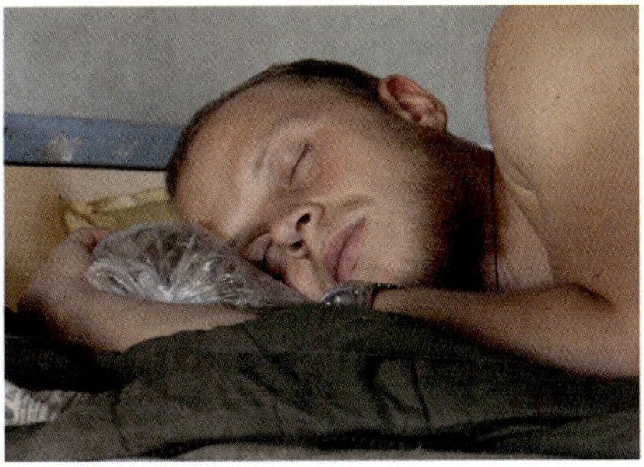

36 bis 39 Schlafende Soldaten der 3. Kompanie. – Angst? Kopfkino ausschalten. Auf stumpf stellen. Nicht groß sorgen. Sich daran erinnern, dass Grübeln nichts bringt. »Ich kann auch in Deutschland vom Auto überfahren werden« (Jan-Uwe Schröder).

40 und 41 Sandsturm. – »Ich hab schon auch Momente, wo ich mich frage, warum ich eigentlich hier bin. Ich denke, das hat jeder Soldat erlebt. Das passiert in Momenten, wo man unter Stress steht. Unter richtig viel Stress« (Matthias Chill).

42 und 43 – Oben Patrouille im Morgengrauen. – *Rechts* Afghanische Soldaten machen Rast auf einem Humvee. – Unsicherheit und Misstrauen auf beiden Seiten. Doch die Zusammenarbeit mit afghanischen Sicherheitskräften ist der einzige Weg aus Afghanistan raus.

44 Soldat überwacht ein Dorf, die Bewohner verlassen den Ort. »Afghanistan – wenn du nie da warst, halt den Mund« (Spruch auf Soldaten-T-Shirt).

45 und 46 – Oben Energie-Riegel während einer Pause. – *Unten* Soldat hat einen Esel in seiner Blickrichtung. – »Totti« Körner: »Manchmal gibt es Phasen, da ist nichts los, da wünscht man sich nur, dass die Zeit vorbeigeht. Aber besser so und Langweile haben als Feuerkampf.«

47 und 48 Schießtraining bei 55 Grad. Soldaten schießen auf Übungsziele. Die Patronenhülsen bis 7,6 mm dürfen afghanische Kinder einsammeln. Messing im Wert von vielleicht einem Euro. Eine Milan-Rakete kostet 8000 Euro.

49 Kaffee im Feld, dampfender Genuss. Ta sha-kurr – Thank you!

50 und 51 – Oben Soldatenwäsche im Außenposten. – *Unten* Nickerchen während einer Wachpause. – »Die Phasen der Eintönigkeit habe ich total unterschätzt. Alltagsroutine, Durchhängen, Leerlauf« (Jonathan Schnitt).

52 Gemeinsame Mahlzeit von Soldaten der Task Force Kunduz mit afghanischen Polizisten auf Vorposten. – Genuss eines frischen afghanischen Abendessens, das Misstrauen schweigt für ein paar Stunden. So nah waren die Foxtrott-4-Jungs den afghanischen Sicherheitspartnern noch nie.

53 Sänger mit der afghanischen Version einer Gitarre singt Lieder vom Krieg, von Frauen, die zu Hause bleiben, und von Männern, die nicht zurückkehren.

54 Waffen der afghanischen Polizisten. Nachbarschaftswache mit Kalaschnikow: Die lokalen Sicherheitskräfte wollen Waffen und Geld, um sich gegen die Taliban verteidigen zu können.

55 Soldat gerät auf Patrouille in eine Schafsherde. – Realitäten des Einsatzes, die nur die Soldaten vor Ort ertragen müssen und die von politischen Statements oder Kommentaren unerreichbar weit entfernt sind.

56 und 57 Einsatz im Schnee. – »Andauernd im Einsatz. Wir leben in der Lage. Draußen essen. Draußen schlafen. Draußen in der Kälte Patrouille laufen. Kaum Erholungsphasen. Durch das Wetter und durch den Auftragsstress – das lutscht einen langsam, aber sicher aus ...« (Matthias Chill).

58 Improvisiertes Lager für die Nacht, Sonnenaufgang. – Die Soldaten beziehen immer wieder außerhalb des Camps Stellung und leben dabei unter primitivsten Bedingungen – Hitze, Kälte, Staub, Nässe, Ungeziefer, Gestank, ein Rucksack für das Nötigste und ein Feldbett als Schlafplatz.

59 und 60 – Links Zwei Bundeswehrfahrzeuge auf der Westplatte in der Region Kunduz. – *Oben* Ein Soldat überwacht die Umgebung. – Es ist langweilig. Es ist stumpfsinnig. Der Dienst der Soldaten da oben bedeutet immer wieder: geradeaus in die Landschaft gucken. Und da passiert meist nichts.

61 und 62 Jonathan Schnitt in Afghanistan. – Heldengeschichten sind keine zu erzählen. Die Soldaten stehen im Mittelpunkt mit allem, was dieser militärische Einsatz von ihnen persönlich verlangt, was sie erleben, fühlen, denken, fürchten und vermissen.

63 Afghanische Soldaten vor dem Silvesterfeuer 2011/2012. – Für Einheimische und Fremde beginnt ein neues Jahr mit den alten Ungewissheiten.

64 Afghanische Kinder sitzen ängstlich vor einem Hauseingang. – »Wir haben eine Patrouille zu Fuß durchgeführt. Bei ungefähr zehn Grad, es war nass und schlammig. Wir trugen unsere Merinounterwäsche, Fleecejacken, Stiefel und haben uns trotzdem den Arsch abgefroren. Und am Straßenrand steht ein Kind im Schlafanzug und barfuß. Das Bild werde ich nie vergessen« (»Juwe« Schröder).

65 Und wieder auf Patrouille – Mut und Tapferkeit liegen auf einem schmalen Grat zwischen Dummheit und Wahnsinn.

66 Soldat raucht bei Sonnenuntergang. – » … und du beobachtest und beobachtest, und die restliche Zeit … da schläfst du, isst du … rauchst du« (»Asterix« Chill).

67 Fahrt durch die Provinz Kunduz. – »Ob dieser Krieg verloren ist oder nicht, werden wir erst wissen, wenn wir aus diesem Land wieder raus sind. Wenn die Taliban danach wieder an der Macht sind, haben wir den Krieg verloren. Wenn sich Afghanistan aber ein wenig stabilisiert, dann haben wir vielleicht auch den Krieg gewonnen« (»Juwe« Schröder).

berichtet. Völlig in Ordnung. Auffällig finde ich nur, dass die Soldaten selbst selten Thema sind, meist geht es in deutschen Medien um die Frage nach Sinn oder Unsinn des Einsatzes generell.

Mir war von Anfang des Projektes an klar, dass ich als »embedded« oder auch »tief integrierter« Berichterstatter Probleme mit meiner Neutralität bekommen würde. Ich bin ausschließlich mit den Bundeswehr-Soldaten unterwegs, bin tagtäglich 24 Stunden von ihnen umgeben. Teile Essen, Schlafplatz und ihre Perspektive mit ihnen. Lerne sie kennen, spreche mit ihnen über das, was sie bewegt. Dass ich gegenüber »meiner Gruppe« eine – natürlich zivile – Form der Kameradschaft entwickeln würde, war mir sehr bewusst. Diese Nähe würde es natürlich schwer machen, neutral und ohne Emotion über die Männer zu schreiben. Aber ohne Empathie und ohne Gefühle über meine Gruppe zu schreiben, war auch nie Aufgabe dieses Buches. Wie eingangs schon gesagt, möchte ich berichten, was die Soldaten der Task Force Kunduz und insbesondere die Gruppe Foxtrott 4 aus Munster in Kunduz erleben und was in ihren Köpfen abläuft. Das soll gar nicht neutral und nüchtern sein. Auf diesen Verlust von Neutralität war ich also vorbereitet.

Auch eine Situation, in der »mein« Foxtrott-Zug angegriffen wird, habe ich mir ausgemalt. Ganz klar, dass ich mir dann wünschen würde, dass die Bundeswehr-Soldaten den Feind vertreiben. Wenn es denn sein muss, sogar töten. Diesen Gedanken habe ich akzeptiert, als ich beschlossen habe, mit der Bundeswehr »in den kriegsähnlichen Zustand« zu gehen. Aber das wäre dann eine Situation, in der ich und die Menschen um mich herum direkt bedroht wären. Da wäre ich selbstverständlich auf Seiten derer, die mich 1. verteidigen, und 2. auch auf Seiten derer, die ich kenne. Auch in dieser hypothetischen Situation war mir vorher klar, dass ich nicht neutral würde sein können.

Was sich in der ersten Nacht auf der Höhe 432 abgespielt hat, war aber etwas anderes. Ich war in keiner Weise bedroht. Das Gefecht war für mich noch nicht mal zu sehen, nur aus der Ferne gehört habe ich es. Und ich kannte auch niemanden, der daran beteiligt war. Ich habe in dem Gefecht zwischen Aufständischen und den ISAF-Truppen ohne nachzudenken instinktiv Position bezogen.

Damals hat mich meine Reaktion irritiert.

Jetzt weiß ich, dass ich mich mit einer so engen Anbindung an die Soldaten genau auf dieses Dilemma eingelassen habe. Natürlich hatte ich von Anfang an ein Eigeninteresse daran, dass die Soldaten, mit denen ich unterwegs bin, und auch ihre Verbündeten in diesem Konflikt die Oberhand behalten.

Und ich muss mir eingestehen, dass ich als Autor hier vor Ort nicht unbefangen bin und auch nicht neutral. Andere Journalisten, insbesondere solche, die in Krisengebieten und in Afghanistan arbeiten und gearbeitet haben, mögen mich verfluchen. Vielleicht bin ich auch einfach zu jung, zu naiv und werde die Fähigkeit, unter solchen Umständen neutral zu bleiben, noch lernen müssen.

Trotz dieser Einsicht fühle ich mich weiterhin unabhängig in dem, was ich denke und aufschreibe, und ich versichere hiermit dem Leser – *und mir selbst an diesem Abend* –, dass ich alle Erlebnisse in Afghanistan, die mir interessant, erkenntnisreich oder unterhaltsam genug erscheinen, in diesem Buch aufschreiben werde. Es gibt weder eine direkte noch eine selbst auferlegte Zensur durch irgendeine Institution oder sonst jemanden.

Und so möge man mir verzeihen, wenn ich die Gruppe von Oberfeldwebel Schröder in Teilen nicht ausschließlich neutral beschreibe, sondern mich bemühe, ihre Standpunkte zu verstehen. Das heißt aber eben auch, dass ich Aussagen oder Handlungen, die nicht der Mehrheitsmeinung entsprechen, aufschreiben werde. Insbesondere dann, wenn sie nicht der Sprachregelung der deutschen Politik oder der Bundeswehr entsprechen. Denn dass die Ansichten bei den Soldaten, die in Afghanistan »am Boden« eingesetzt sind, und denjenigen, die in den Stäben ihren Dienst tun, nicht immer deckungsgleich sind, habe ich schon mehr als einmal mitbekommen.

Schwarzer Freitag

Als ich am Morgen – ich habe (und bin) etwas verschlafen – aus meiner Stube komme, steht Zugführer Andi Isensee bei den Soldaten: »Es gab tatsächlich einen Raketenangriff. Aus dem Bereich nordwestlich Isa Khel auf unser Feldlager. Bisher ein definierter Einschlag – 300 Meter entfernt von der Hindenburg.«

Wenig später ist die Meldung auch im Internet:

AFGHANISTAN: RAKETENANGRIFF
AUF DAS DEUTSCHE FELDLAGER IN KUNDUZ
Am 9. September wurde gegen 21.25 Uhr mitteleuropäischer Sommerzeit (23.55 Uhr Ortszeit) mindestens eine Rakete auf das deutsche Feldlager abgefeuert. Das Geschoss schlug zirka 500 Meter vor dem Lager ein.

Als die Raketen in der Nacht neben dem Feldlager einschlugen, haben die Soldaten und ich tief geschlafen. Wir haben nichts mitbekommen, obwohl unsere Unterkunft am Rande des Lagers und damit von allen Unterkünften am nächsten zur Hindenburg liegt.

Isensee gibt seinen Soldaten den Befehl, sich fertig zu machen. Am Nachmittag geht es in Richtung Polizeihauptquartier, zur Befehlsausgabe. Geplant ist eine Operation als Reaktion auf den Beschuss des Feldlagers. »Dann weiß ich vielleicht auch schon mehr zu den Details.«

Während wir uns fertig machen, frage ich Chill, wie ihm bei der Neuigkeit zumute war: »Da ist der Puls doch hochgefahren, so richtig. Aber ansonsten – wir sind Soldaten. Ich bin jetzt schon fast fünf Jahre dabei, und wir sind geübt, stumpf zu sein ...«

Die Jungs von Foxtrott 4 tragen ihre Rucksäcke und Waffen zum Dingo.

»... und sobald die Situation wieder weg ist, ist man dann auch gleich wieder gelassener.«

Auf dem Ehrenhain lässt Isensee die Marschbereitschaft abfragen. Dann rollt der Foxtrott-Zug aus dem Feldlager. Die Fahrt ins Polizeihauptquartier wird langsam zur Routine.

Während wir durch die ärmlichen Straßen von Kunduz-Stadt rollen, erzählt Schröder: »Meine Eltern haben mir gerade erst wieder geschrieben. Da stand auch drin, dass sie die ganze Zeit nervlich angespannt sind. Das kriegt man hier vielleicht gar nicht so mit. Das versuchen sie auch am Telefon nicht so rüberzubringen ...«

Die üblichen Felder ziehen an uns vorbei, die üblichen Kinder winken – und am Wegesrand lungern die üblichen Verdächtigen herum. Es sind aber wohl nur untätige junge Männer. Juwe Schröder fährt fort: »... damit ich mir hier keinen Kopf über zu Hause machen muss. Meine Frau versucht immer, am Telefon stark zu sein, aber ich kenne sie jetzt seit über zehn Jahren und merk natürlich, dass die Anspannung bei ihr schon ganz schön groß ist.«

Im Polizeihauptquartier wird die Ausrüstung abgeladen, die Soldaten beziehen ihre Stuben. Nicht so bequem wie im Feldlager, aber besser als auf der Höhe 432. Unsere Ansprüche haben sich im Lauf der Zeit stark nach unten verschoben.

Polizeihauptquartier, Befehlsausgabe Foxtrott-Zug

Bis Isensee seinen Zug zur Befehlsausgabe zusammen hat, ist es später Abend. »So«, sagt Isensee entschlossen, »ich fang jetzt mal an, mit dem Anspruch auf absolute Unvollständigkeit ...«

Eng zusammengerückt sitzen Schröder und die anderen Gruppenführer des Foxtrott-Zuges auf der Stube des Zugführers. Es geht um die Reaktion auf den Raketenangriff auf das Feldlager.

»... weil ich euch ins Bett kriegen will. Es geht morgen sehr früh los.«

Schröder sieht die ausgeteilten Unterlagen zur Operation durch – Kartenmaterial, Funkfrequenzen, Meldepunkt, Marschreihenfolge. Kompaniechef Schellenberger und Zugführer Isensee wollen in Isa Khel möglichst wenig dem Zufall überlassen.

Isensee weiter: »Das Ganze läuft unter der Überschrift: Wir nehmen Isa Khel. Zur Feindlage: Es gibt derzeit keine neuen Erkenntnisse. Wir wissen, dass die Typen da die Raketen abschießen ...«

Die Soldaten schreiben mit, prüfen Koordinaten auf ihren Handkarten. Schröder tippt die Daten in sein GPS-Gerät ein.

»... was wir nicht wissen, ist, aus welchem Compound sie sich da hin bewegen. So viel zur Feindlage, was ich von dort weiß. Also noch mal: Es ist amtlich, da sind welche. Wo die sind und wie viele es sind, kann ich nicht sagen. Die Bevölkerung in Isa Khel steht uns neutral, aber eher zurückhaltend gegenüber. Das ist optimistisch ausgedrückt. Aber da erzähl ich euch ja nichts Neues.«

Die Soldaten nicken nur grimmig. Jeder von ihnen kennt den Namen Isa Khel. Am Karfreitag 2010 fielen in der Ortschaft drei Bundeswehr-Soldaten, ein Dingo wurde zerstört. Ein Zug Bundeswehrsoldaten war bei der Ortschaft in einen Hinterhalt geraten. Die Taliban waren zahlenmäßig überlegen und hatten den Angriff wohl akribisch geplant. Schnell lagen die deutschen Soldaten unter schwerem Beschuss. Nach wenigen Minuten gab es die ersten Verletzten. Die Deutschen setzten sich mit Handfeuerwaffen und MGs zur Wehr, mussten aber bald ausweichen *(geordneter Rückzug)* und bis zum Eintreffen von Verstärkungen ausharren. Beim Ausweichen explodierte ein IED unter einem Dingo, zwei Soldaten wurden dabei tödlich verwundet. Ein weiterer Soldat starb bereits vor dem Eintreffen der Rettungshubschrauber. Das Wrack des Dingo musste beim Rückzug von der Bundeswehr gesprengt und zurückgelassen werden. Für die Taliban war das brennende Wrack das Zeichen ihres Sieges. Für die Bundeswehr war es das sichtbarste Zeichen ihrer Niederlage. Dieser Karfreitag 2010 hatte umgehend Auswirkungen auf die Ausrüstung. Der damalige Verteidigungsminister zu Guttenberg ließ die Zahl der Marder-Schützenpanzer auf zwanzig verdoppeln und verlegte zudem drei Panzerhaubitzen nach Afghanistan. Im Zuge der Operation »Halmazag« im November 2010 wurde die Ortschaft dann von Kampfflugzeugen bombardiert. Deutsche und afghanische Einheiten besetzten Isa Khel schließlich. In den darauffolgenden vier Tagen kam es zu heftigen Gefechten, als Taliban versuchten, die Ortschaft zurückzuerobern. Seitdem war es ruhig in Isa Khel. Jetzt hat sich die Ortschaft zurückgemeldet.

Isensee umreißt noch einmal den Stand: »Also, unser Auftrag ist vierteilig:

1. Die Raketen-Abschuss-Stelle ausfindig machen.
2. Ein Gebäude auf Tauglichkeit überprüfen, in dem die afghanische Polizei einen Vorposten beziehen soll.

3. Unser Nachrichtenoffizier Hauptmann Paul soll mit der Bevölkerung Gespräche führen.

4. Die EODs sollen einen verdächtigen Compound nach Raketen und Sprengstoff durchsuchen.«

Die Soldaten schreiben mit. »An der Operation beteiligt sind außerdem die ANA, die ANP und einige LSF-Kräfte.« Also die afghanische Armee, die Polizei und die bei den Soldaten nicht so beliebten lokalen Sicherheitskräfte. »So, und nun ab ins Bett. Wir rollen um 5:00 Uhr.«

Die Pick Ups von Isa Khel

Nach einer sehr kurzen Nacht sitzen Schröder, Wild, Chill und Körner auf ihren Feldbetten und munitionieren ihre Waffen auf. Schröder drängt seine Jungs zur Eile. Hektisch werfen sie ihre Schutzwesten über, im Laufschritt geht es zum Dingo.

Körner: »Chill, ich bin noch mal schnell auf'm Dixi.«

Chill sitzt bei offener Tür am Steuer des Foxtrott-4-Dingos und zündet sich noch schnell eine Zigarette an. Schröder setzt sich den Gehörschutz ein. Er schwitzt und wirkt angespannt. Niemand weiß, was uns in Isa Khel erwartet.

Erster Wegpunkt ist die Höhe 432. Dort sollen sich die Soldaten mit der ANA- und LSF-Einheit treffen. Kompaniechef Schellenberger gibt die letzten Informationen über Funk an die Soldaten weiter. »Feindlage: Derzeit im Raum rund um 432 ungeklärt. Kampfmittellage aufgeklärt, vermutlich bei der genannten Koordinate ein oder mehrere IEDs.«

Körner kommt vom Dixi und steht nun in der Luke des Dingos. Er überprüft die Waffen auf dem Dach. Auch er schwitzt. Schröder steigt ein, zu seiner Gruppe sagt er: »Wir warten noch auf die ANP.« Er streift die feuerfesten Handschuhe über und zurrt seinen Helm fest.

Die Pick-Up-Jeeps der afghanischen Polizei rollen auf den Parkplatz. Auf der Ladefläche nicht nur Polizisten, sondern auch die abenteuerlich aussehenden Kämpfer der lokalen

Sicherheitskräfte. Sie tragen Gewänder, teilweise einzelne Uniformteile, einige haben nur Sandalen an den Füßen. Manche tragen die gelbe Armbinde, die sie als Verbündete der Bundeswehr ausweisen soll, die meisten sind heute ohne unterwegs.

Über die Strategie, lokale Sicherheitskräfte einzubinden, habe ich einmal mit dem Kompaniechef der Task Force Kunduz Oberstleutnant Lutz Kuhn gesprochen: »Lokale Sicherheitskräfte sind teilweise ehemalige Taliban-Kämpfer, die jetzt nicht übergelaufen sind, das wäre ein falscher Begriff, aber die nicht mehr den Kampf gegen Deutsche und ISAF-Kräfte oder afghanische Sicherheitskräfte führen. Und die versuchen wir in Sicherheitsstrukturen zu übernehmen ...«

Während ich an die Worte des Kommandeurs denke, rollen weitere Pick Ups mit LSF-Kräften auf den Hof. Vermummt, bewaffnet mit Kalaschnikows und Raketenwerfern, hocken Ex-Taliban auf den Ladeflächen. Vertrauenerweckend ist anders.

»... eins ist dabei klar, diese Männer sind ohne Arbeit, ohne Einkommen. Und man muss ihnen ein Ziel geben, eine Beschäftigung, so dass sie ihre Familie ernähren können. Und dann kann man es sicherlich auch erreichen, dass sie nicht wieder zu den Taliban zurückgehen.«

Über Funk kommt der Befehl zum Abmarsch. Schröder gibt durch: »Fox 4 rollt« und dann: »Fox 4 PHQ out.« Wir sind das erste Fahrzeug der Kolonne, direkt vor uns ein Pick Up mit LSF-Kräften. Die Soldaten von Fox 4 wirken nicht begeistert. Ich frage Körner nach seiner Einschätzung:

»Ich mach nur meine Aufgabe, und wenn die da mitlaufen ... Also vertrauen tue ich denen nicht. Wollen wir mal hoffen, dass nichts passiert und dass die weiter so mit uns arbeiten wie vorher auch. Dass da keiner austickt und auf uns schießt.«

Wir kommen an der Höhe 432 an. Durch den Staub, den die Fahrzeuge aufgewirbelt haben, ist der Hügel fast nicht zu erkennen. Im Hintergrund sammeln sich die LSF-Kämpfer. Schröder schaut rüber und grummelt: »Ich will nicht wissen, wie viele von uns die schon umgebracht haben.«

Hauptmann Schellenberger steht ein paar Meter weiter und bespricht sich mit dem Chef der ANA-Einheit. Ob er Verständnis hat für das Misstrauen seiner Soldaten?

»Ich kann schon verstehen, dass es bei dem einen oder anderen Soldaten Vorbehalte gibt gegen die Zusammenarbeit mit afghanischen Sicherheitskräften. Insbesondere in der Zusammenarbeit mit Local Security Forces. Auf der anderen Seite muss man sehen, anders kann es für uns keinen sinnvollen Weg aus Afghanistan raus geben.«

Schellenberger lässt seine Soldaten sammeln. Zu Fuß geht es weiter in Richtung Isa Khel. Die Route führt quer über die Felder; so wenig wie möglich will Schellenberger seine Soldaten auf den Straßen haben, die in die Ortschaft führen. Dort legen die Aufständischen gern ihre Sprengfallen. Dass Soldaten kommen, dürfte kein Geheimnis mehr sein. Dafür sind zu viele afghanische Kräfte beteiligt.

Vor uns und neben uns laufen die lokalen Sicherheitskräfte mit ihren Kalaschnikows und Raketenwerfern auf dem Rücken. Wenn ich jetzt im Lexikon unter »Taliban« nachschlagen würde, denke ich, wäre dort ein Foto von genau diesen Typen. Sie sehen genauso aus, wie ein Westler sich einen Taliban vorstellt. Auch den Soldaten merkt man an, dass die angespannt sind. Alle paar Sekunden schauen sie über die Schulter und kontrollieren, was die LSF-Typen gerade machen.

Hauptmann Schellenberger will – soweit es die Lage zulässt – auf Nummer sicher gehen und funkt: »Es gibt Absprachen mit den LSF-Kräften. Ich will wissen, was die wissen, und ich will deren Absicht wissen. Kommen.«

Langsam bewegen sich die Soldaten durch die Felder – Weizen, Baumwolle – in Richtung der Ortschaft. Einer nach dem anderen. Aufgereiht wie Perlen in sandfarbenem Tarnmuster an einer langen Kette.

In der Ferne sehen wir die Ortschaft. Jetzt kommt Hauptfeldwebel Bachert, der den Kopf der Kolonne bildet, zu Zugführer Isensee. »Folgendes: Und zwar hat die ANA heute bei der Gesprächsaufklärung gesagt, dass die LSF wahrscheinlich die Rakete abgeschossen hat. Dass das also wahrscheinlich einer von den LSF ist, eventuell sogar der Führer … Unser Sprachmittler war dabei.«

Ungläubiger Blick bei Isensee: »Der Führer der LSF-Kräfte ist für die Raketen verantwortlich?«

Bachert: »Das sagt die ANA. Die meinen den Dicken, der da vorne geht. Ich weiß nicht, ob Paul mit dem direkt schon gesprochen hat, ob das der ist. Der Sprachmittler hat sonst auch einen Namen für ihn.«

Isensee ist beunruhigt und gibt die Meldung über Funk an den Gefechtsstand weiter: »Unser Sprachmittler war vorhin bei der Gesprächsaufklärung mit ANA dabei. Die beiden LSFler, die wir hier dabei haben, könnten unter Umständen diejenigen sein, die die Raketen selbst abgeschossen haben auf das Lager. Kommen.«

Über uns fliegen zwei Kampfhubschrauber, um die Bundeswehrsoldaten aus der Luft zu sichern. Während Isensee funkt, kommen wir am Rand von Isa Khel an. Es bietet sich ein fast idyllisches Bild. Vor uns ein hellblaues Gebäude, davor und daneben Kinder. Ein etwa fünfjähriges Mädchen in einem rotgepunkteten Schlafanzug hängt entspannt zwischen zwei Bäumen und beobachtet ohne Scheu die schwer bewaffneten Ankömmlinge.

Über Funk kommt aus dem Gefechtsstand die Antwort auf Isensees Meldung: »Wir haben das nicht bestätigen können. Ist jetzt schwierig zu sagen, ob's stimmt oder nicht. Wir schlagen vor, die weiter mitzunehmen. – Kommen.«

Isensee: »Für euch wichtig: Das ist, wie gesagt, der LSF-Führer. Wir halten den zunächst mal in der Überwachung. Vielleicht kümmert sich die ANA ja drum, wenn wir durch sind. Kommen.«

Es ist deutlich zu spüren, dass Isensee die Situation überhaupt nicht gefällt. Aber mehr als das Erfahrene melden kann er nicht tun. Die Abschuss-Stelle wurde von den EODs kurz vor dem Dorf ausgemacht. Der Boden war verbrannt, eine Vorrichtung zur Stabilisierung der Rakete haben die Sprengstoff-Experten auch gefunden.

Wir machen Rast vor dem hellblauen Haus. Schellenberger und der Polizeichef stehen mit dem Besitzer des Compounds zusammen. Es sind seine Kinder, die hier draußen spielen und jetzt aufgeregt zwischen den Soldaten hin und her laufen, um Kekse oder Schokolade abzustauben.

Der Kommandeur der Task Force und der Chef der afghanischen Polizei hatten sich schon vor der Operation geeinigt: Die afghanische Polizei soll hier für ein paar Wochen Stellung beziehen, um weiteren Beschuss auf das Feldlager zu verhindern. Schellenberger schlägt vor, dass dem Hausbesitzer eine Entschädigung bezahlt wird, der Polizeichef möchte die Angelegenheit »auf afghanische Art« klären. Was auch immer das heißt. Der junge Kompanie-Chef weist seinen Sprachmittler an zu übersetzen: »Sag ihm, mir ist wichtig, dass wir uns hier keine Feinde machen. Die Sache soll sauber geklärt werden.« Der Polizeichef nickt, ist aber nicht besonders überzeugt. Schellenberger wirkt frustriert. Aber auch das ist Teil der neuen Strategie, nach der die Afghanen möglichst viel selber und unter sich klären sollen.

Nachdem alle Deutschen eine Flasche Wasser und die Afghanen eine Tasse Tee geleert und geraucht haben, geht es weiter. Wir laufen durch die engen Gassen von Isa Khel. Alles wirkt auf den ersten Blick friedlich. Wir hören die Kampfhubschrauber und die Überwachungsdrohne über uns kreisen; das vermittelt eine gewisse Sicherheit. Dennoch bewegen die Soldaten sich nur Schritt für Schritt voran. Der Blickwinkel ist eingeschränkt, hohe Lehmmauern links und rechts. An jeder Seitenstraße wird zunächst ein Soldat zur Überwachung postiert, ehe die anderen vorbeimarschieren.

Die Straßen sind auffällig leer, die Geschäfte geschlossen, die Fenster und Türen der Häuser verriegelt. In Isa Khel hat die Bundeswehr keine Freunde. Als wir bei dem Compound ankommen, der durchsucht werden soll, sind die EODs mit ihren Such-Sonden schon bei der Arbeit. Zwei sind im Viehstall, einer hängt kopfüber in einem Weizenlager. Die Suche ist bisher ohne Fund. Im Hof des Compounds sitzt ein alter Mann. Hauptmann Paul, der Nachrichtenoffizier mit dem dicken Goldring, befragt ihn. Ein paar Kinder stehen auf dem Hof herum.

»Wer hat die Raketen abgeschossen?«, soll Pauls Sprachmittler übersetzen. In Paschtu fragt der den alten Mann. »Er weiß es nicht«, sagt er zu Paul. »Die Raketen wurden vor seinem Haus abgeschossen. Das weiß der doch! Er wohnt hier im Dorf, da weiß man alles.« Der Übersetzer spricht zu dem Mann, der nun lauthals auf Paschtu zetert, sich wohl beklagt. »Er sagt, er weiß nichts. Die Taliban kommen nachts. Dann traut er sich nicht raus. Er fragt, was wir von ihm wollen. Er sei nur ein alter Mann.«

Hauptmann Paul scheint nicht zufrieden. »Ja, ja, ja. Er weiß nichts und ist ein alter Mann. Frag ihn, ob er allein hier ist, wo seine Söhne sind.«

Wieder geht es hin und her. »Seine Söhne sind nicht hier. Die sind in Pakistan.«

»Aha. Was machen die denn in Pakistan?«

»Er sagt, sie wollen heiraten und suchen in Pakistan eine Frau.«

»Ja, ganz bestimmt. Ich glaub dem kein Wort! Frag ihn, warum die Geschäfte alle geschlossen haben?«

»Er sagt, weil die Menschen Angst vor uns haben.«

»Und warum haben sie Angst?«

Aus dem alten Mann ist nichts mehr rauszuholen. Seine Abneigung gegen die Fremden, die seinen Hof durchsuchen, sein Vieh verscheuchen und ihm unangenehme Fragen stellen, ist deutlich spürbar.

Die EODs finden auch nach längerer Suche nichts auf dem Hof. Die Soldaten verteilen noch ein paar Tennisbälle an die Kinder. Hauptmann Schellenberger ruft zur Eile: »Das Air Weapons Team hat nur noch 30 Minuten Playtime. Ich will hier raus sein, bevor die weg sind.«

Ohne die gefürchteten Apache-Kampfhubschrauber in der Luft würden die Aufständischen vielleicht doch noch einen Angriff wagen. Wir machen uns zügig auf den Weg. Der Rückmarsch zur Höhe 432 ist anstrengend. Die Sonne steht im 90-Grad-Winkel über uns, wir schwitzen unter unseren Helmen, man spürt jetzt jedes Gramm der 18-Kilo-Schutzweste auf den Schultern.

Als wir am frühen Abend im Feldlager zusammensitzen, frage ich Chill noch mal nach den LSF-Kräften. Auch er hat das Gerücht gehört, die LSF-Afghanen hätten die Rakete aufs Feldlager geschossen. 300 Meter neben unseren Träumen.

»Asterix« Chill ist stinksauer: »Vor nicht mal einem halben Jahr oder vielleicht ein bisschen länger wurden deutsche Soldaten von solchen Typen noch beim Kettenklopfen abgeknallt. Das muss erst wieder passieren und noch mal passieren und noch mal passieren! Dann haben sie es vielleicht gelernt. Keine Ahnung.«

Dann setzt er hinzu: »Ich hab schon auch mal Momente, wo ich mich frage, warum bin ich eigentlich hier. Ich denke, das hat jeder Soldat erlebt. Das passiert in Augenblicken, wo man unter Stress steht. Unter richtig viel Stress. Wenn es nicht so läuft, wie man sich das eigentlich wünscht. Aber so ist das halt hier.«

Teamarbeit mit Blechkuchen

Nach der Operation in Isa Khel haben die Soldaten ein paar Tage »Freizeit« im Feldlager. In diesen Phasen steht für sie nur die Nachbereitung der Fahrzeuge und die Vorbereitung auf die kommende Raumverantwortung an. Ansonsten: Essen, schlafen, abhängen, Sport. In der modernen Kantine – O-Ton Daniel Wild »die modernste Küche Afghanistans« – gibt es drei »richtige« Mahlzeiten pro Tag. Das Essen ist zwar Kantinen-Nahrung, aber sehr anständig, dazu gibt es eine große Salatbar und immer mehrere Sorten Früchte zur Auswahl. Feldlager-Phasen sind für die Soldaten der Task Force absoluter Luxus, vier Sterne mindestens. Deshalb werden sie auch ziemlich ungehalten, wenn die »Drinnis« – Soldaten, die das Feldlager nicht verlassen – sich über die harten Umstände in Afghanistan beschweren. Beim schon erwähnten Kiosk – dem Marketender, auch »Douglas Kunduz« genannt – kann man sich obendrauf mit Süßigkeiten und Softdrinks eindecken. Das Feldlager hat ein gut ausgestattetes Fitness-Studio, das ausgiebig genutzt wird. Es gibt ja sonst wenig anderes zu tun. Die Stimmung der Soldaten nach ein paar Tagen im Feldlager: entspannt bis heiter.

Die Jungs von Foxtrott 4 sitzen auf dem Gang ihres Wohnkomplexes auf dem Boden. Alle haben sie ihre Laptops aufgeklappt. Seit Kurzem gibt es W-LAN im Feldlager.

Körner fragt Wild: »Und was machst du?«

Wild chattet gerade über Skype mit einer neuen Flamme: »Ich höre jetzt auf. Weil sie endlich mal ein Ende gefunden hat.«

Körner lacht. Wild öffnet ein kleines Computerprogramm. Auf dem Schirm erscheint eine nackte, vollbusige Blondine. Allerdings ist sie in Teilen verdeckt, so dass man die »sensiblen« Bereiche nicht sehen kann. Noch nicht.

Wild erklärt: »Das ist mein Motivator für den Einsatz. Der zeigt an, wie viele Tage ich schon hier bin und wie lang es noch dauert, bis ich wieder nach Hause darf. Außerdem zeigt er an, wie viel AVZ *(Auslandsverwendungszuschlag* – für Afghanistan 110 € pro Tag) ich schon verdient habe. Am Tag der Abreise ist die Dame dann unverhüllt.« Vorfreude auf den Heimflug – in doppelter Hinsicht.

27. Geburtstag von Jan-Uwe Schröder

Wir sitzen im Besprechungszelt des Foxtrott-Zuges. Heute findet hier keine Befehlsausgabe statt, heute wollen die Soldaten Schröders Geburtstag feiern. Der hat ein gelbes Postpaket aus der Heimat vor sich und prüft mit sichtlicher Freude den Inhalt. Nichts Schöneres gibt es für die Soldaten als »Feldpost« von zu Hause – gerade am Geburtstag.

Ganz oben im Paket ein Umschlag mit Fotos und der großen Aufschrift: »Happy Birthday, Juwe«. Juwe guckt und sagt mit gespielt norddeutschem Einschlag in die Runde: »Schööône Bilder aus der Heeeeimaaat. Von Mama und Papa.« Dazu zieht er das passende Foto seiner Eltern hervor. Ein freundlich aussehendes Paar mittleren Alters, im Hintergrund die Lüneburger Heide. »Und meine Tochter ist auch am Start.« Voller Stolz zeigt er das Foto eines pausbäckigen kleinen Mädchens herum, das etwas verwirrt in die Kamera blickt.

In Schröders Paket: »Deutscher Schinken. Und Wurst.

Und 'ne Sport-BILD und eine Autozeitung. Kann ich alles sehr gut gebrauchen.«

Dann liest er den Brief seiner Eltern.

Mir fällt wieder ein, was Schröder mir einmal über seine Kindheit gesagt hat: »Ich bin ein typisches Kind vom Lande. Ich war teilweise schüchtern, aber wenn ich dann etwas aufgetaut bin, forsch.«

Jetzt schaut er auf das Bild seiner Eltern. »Ich hatte eine sorgenfreie Jugend, muss ich gestehen.«

Spieß Icks kommt mit einem Blechkuchen und Berlinern in den Besprechungsraum. »So, mein lieber Oberfeldwebel. Was die Familie heute nicht kann, wollen wir dir ersetzen. Geld und gute Kameraden hast du ja. Also, alles Gute zum Geburtstag. Bleib gesund!«

Am Abend laufen Schröders Jungs – Körner, Chill und Wild – den Gang hinunter zu Schröders Bude. Chill trägt ein Stoffbündel: eine sehr spezielle Überraschung von Foxtrott 4 für ihren Gruppenführer.

Die Jungs klopfen an Schröders Tür. Als der öffnet, überreicht Chill ihm das Bündel: »Stellvertretend nochmal von deinem Trupp alles Gute zum Geburtstag!«

Schröder packt das Geschenk aus. Inhalt: alles, was man für den lokalen Look braucht. Afghanisches Gewand, traditionelle Mütze und natürlich Sandalen.

Schröder lacht: »Ihr Atzen! Ich geh mir das jetzt für euch anziehen.«

Die anderen drei stehen feixend vor der Tür und warten, bis sich Schröder die afghanische Kluft – die Soldaten nennen es »Kuddl-Kostüm« – übergeworfen hat.

»Die Stimmung bei uns in der Gruppe verbessert sich eigentlich immer mehr«, sagt mir Wild. »Je länger wir hier sind. Wir wissen, wie wir zusammenarbeiten und wie der andere denkt. Wir sind ein richtig eingespieltes Team.«

Die Tür öffnet sich. Schröder kommt im »Kuddl-Kostüm« aus der Stube. Es steht ihm fantastisch. Wir grölen vor Lachen. Auf den ersten Blick – ein Afghane! Schröder stolziert auf dem Gang auf und ab.

»Fühlt sich gar nicht schlecht an! Ich geh jetzt noch mal ein paar Kameraden besuchen.«

Heimweh-Skizzen

Eine Nachtfahrt im Dingo. Alles ist ruhig. Der Mond hängt riesig über uns. Plötzlich bricht es aus Totti Körner raus: »Machen wir hier überhaupt mal irgendwas Spannendes oder so!? Nur so'n Kram. Scheiß! Piss!«

Dann wieder Schweigen. Fahren. In die Dunkelheit starren.

Ein paar Nächte später im PHQ Chahar Darreh.

Chill und Körner hocken, oben ohne, auf ihren Feldbetten, trinken Kaffee, rauchen, tippen SMS in ihre Handys. Seit drei Monaten sind sie jetzt in Afghanistan.

Chill: »Dieser ganz normale, alltägliche Trott. Was zu Hause eigentlich so alltäglich und normal war, das vermisst man hier sehr stark ...«

Wild schnürt an seinen Stiefeln. Zu oder auf? Sieht aus, als könnte er sich nicht entscheiden. Schließlich schnürt er sie zu und geht nach draußen. Wacheschieben.

Chill: »... und meine Kleine vermisse ich. Das Auto, solche Sachen. Einfach mal wieder morgens früh zum Bäcker fahren. Mit der Familie zusammensitzen – grillen. Halt was anderes machen als das hier.«

Fragt Totti sich auch manchmal, was sie hier machen?

»Die Frage stelle ich mir total oft. Gerade, wenn wir so sinnloses Zeug machen. Zum Beispiel ewig lang draußen rumsitzen und rumstehen für nichts und wieder nichts.«

Wild auf dem Wachturm, Kaffee trinkend: »Das ganze

Land nervt. Das ist wie ein Pickel, der stört. Am Anfang war es ja noch ein bisschen spannend, war interessant …«

Unten geht ein Soldat vorbei. Auf seinem T-Shirt steht: »Afghanistan – wenn du nie da warst, dann halt den Mund.«

Matthias Chill – Interview

nach drei Monaten im Einsatz
26 Jahre
Stabsgefreiter
Verlobt
Merseburg, Sachsen-Anhalt

◖ Wie läuft es so bei dir?
Wir sind seit Wochen nur in Action: Nachbereitung, Vorbereitung – und wieder raus. Und bei all dem ist es extrem schlammig und kalt. Dazu der Gestank, der hier überall herrscht. Typischer Geruch, den kenne ich nur von hier. Wie soll ich das beschreiben? Die leben hier wie vor hundert Jahren. Du siehst Kinder barfuß im Schlamm rumrennen. Das ist ein komisches Volk. Man ist dauernd damit beschäftigt, den Typen auf die Hände zu gucken. Irgendwelche Leute, die sich abseits halten – sofort schaut man genau hin, ob die nicht ein Telefon in der Hand halten. Jeder ist verdächtig, nach wie vor. Nur dass wir uns daran gewöhnt haben. Aber auf meinen Totti passe ich gut auf.

◖ Wie gehst du um mit der unterschwelligen Dauerbedrohung?
Die ist da, aber das ist ein normales Ding geworden. Wir leben damit. Und so, wie wir vorgehen, ist das schon eine sichere Methode. Sicherer kann man das nicht machen. Wir fühlen uns denen überlegen, gerade weil die Talibs sich nicht zeigen.

◖ Welche Erfahrungen nimmst du für dich mit nach Hause?
Ich bin mit vier Kerlen zusammengewachsen. Ich hab gesehen, wie Orte auf der Welt sein können. Wie gut ich es habe. Den Einsatz möchte ich nicht missen.

◖ Wie ist es für dich auf dem Dingo Foxtrott 4?
Bei uns ist es harmonisch. Witze gehören mit dazu. Ohne Lachen geht es nicht. Man muss sich positive Sachen rausziehen. Ansonsten merkt man schon, man ist leicht reizbar. Bei jedem ist das so, das ist normal. Wir wollen alle nur noch nach Hause.

◖ Hattest du mal einen toten Punkt? Erinnerst du dich an die Situation?
Keine Situation, das war ein schleichender Prozess. Das kommt nach und nach. Da ist kein Punkt, wo man sagt, ab da habe ich keinen Bock mehr. Das passiert mit der Zeit, in der Einsatzlage, die anspruchsvoll ist. Da baut man immer mehr ab.

◖ Deine schwersten Momente im Einsatz?
Jede Patrouille, die ein bisschen länger ist.

◖ Wo hattest du Angst, wo ging der Puls hoch?
Solche Momente gab es viele. Da fällt ein Schuss – und schon geht der Puls nach oben. Und es hat oft geknallt. Die ANA schießt einfach viel rum.

◖ Wie ist die Stimmung bei dir zu Hause?
Bei meiner Freundin ist sie angespannt. Sie hört viel. Ich gehe offen und ehrlich mit ihr um: Ist was gewesen, erzähle ich es ihr. Es gab einige Situationen, wo wir zwar involviert waren, aber eben nicht unmittelbar. Die Medien berichten nicht immer exakt. Von daher ist die Stimmung bei ihr angespannt, aber es läuft. Ich kann nicht meckern.

◖ Was erzählst du zu Hause über Afghanistan?

Viel Gutes kann ich nicht sagen. Das Land ist zurückgeblieben. Das Land ist primitiv. Die Menschen sind primitiv. Sind ungebildet und wahrscheinlich auch durch den Glauben noch eingedämmter. Wenn ich Afghanistan beschreibe, ist das ein Drecksloch, wo man nicht viel helfen kann. Wir machen hier unseren Job. Wenn wir abziehen, dann geht das hier den Bach runter. Die sind hier so wechselhaft, hier ist so viel Korruption. Wenn wir weg sind, greift der Taliban wieder nach der Macht. Dann laufen die ANA oder ANP nach und nach über, und alles, was wir hier aufgebaut haben, geht zugrunde.

Ende einer Grillparty

Als »Mutter der Kompanie« kennt der Spieß sich aus mit den Stimmungsschwankungen unter den Soldaten. Im Moment wäre »ernüchtert« als allgemeine Lagebeschreibung noch geschönt ausgedrückt. Also hat Spieß Icks für den Abend Grillfleisch im PHQ auffahren lassen. Heute kein Fertigessen aus dem EPa und auch kein experimentelles Kochen durch einen der Kameraden. In den meisten Fällen ist das EPa dann doch noch besser, so meine Erfahrung. Nudeln mit Bohnen-Zwiebelsuppen-Soße sind nicht mein Ding ...

Heute also gutes deutsches Grillgut: Bratwurst und Schweinenackensteaks.

In der Dämmerung leuchtet das Grillfeuer im Innenhof des Polizeihauptquartiers. Die Soldaten scharen sich zusammen und juckeln erwartungsvoll auf ihren Bänken um das Grillfeuer, bis der Spieß die erste Runde Würstchen einläutet.

Der Lärmpegel steigt: Es wird gelacht, geredet und geraucht. Zu trinken gibt es Coke Zero und 7UP. Es ist eine Weile her, dass die Jungs so gut drauf waren. Es braucht nicht mehr viel, um ihre Stimmung zu heben. Ihr Held des Tages beziehungsweise der Nacht: eindeutig Spieß Icks.

Matthias Chill, Daniel Wild und Thorsten Körner sitzen auf ihrer Bank, das erste Nackensteak auf dem Teller. Schröder und Sebastian Bachert kommen dazu, alle miteinander stopfen sie gut gelaunt das brutzelige Fleisch in sich hinein. Bachert hat sich über den Sprachmittler noch ein paar Tomaten, Zwiebeln und Fladenbrot vom Händler um die Ecke kaufen lassen. So gibt es jetzt die afghanische Version von Bruschetta. Es geht uns verdammt gut. Nur dass Schröders Funkgerät sich ausgerechnet jetzt meldet, stört etwas.

Gerade will Bachert sich für eine zweite Ration am Grill anstellen, da ruft Schröder ihm zu: »Du musst mit deinem Beleuchtungstrupp raus! Ihr sollt Illum schießen. Irgendwas ist auf der LOC Cherry *(Verbindungsstraße nahe des PHQ)!«*

Im Laufschritt wirft sich Bachert die Schutzweste über, greift nach seinem Funkgerät. Unten herum trägt er noch Adidas-Sporthose und Turnschuhe. Bundeswehr ganz unkonventionell.

Als ich auf dem Parkplatz des PHQ ankomme, kracht es schon höllenmäßig. Ein orangefarbener Feuerball steigt in den Nachthimmel. Bachert weist seine Gruppe an:

»Drei, zwei, eins, Feuer!«, und wieder kracht es – und es klirrt. Die Druckwelle hat die Fenster des afghanischen Polizeihauptquartiers bersten lassen. Verdutzte Polizisten strecken die Köpfe aus den scheibenlosen Fenstern. Sie hatten wohl schon geschlafen.

Bachert gibt seinen Soldaten den Befehl, den nächsten Abschuss vorzubereiten. Munitionskisten werden herangeschleppt. »Das wird mit einem Schuss nicht vorbei sein«, sagt er und erklärt, warum: »Auf der Cherry sind gerade welche dabei, IEDs zu verbuddeln. Vermutlich. Der Fennek *(Spähwagen mit moderner Beobachtungs- und Aufklärungssensorik)* steht in Stellung, die Scharfschützen sind oben auf dem Turm. Und wir schießen jetzt gleich als ›Show of Force‹ Leuchtmunition. So dass die wissen, wir sind da.«

Wieder kracht ein Illum-Leuchtgeschoss in die Nacht. Eine Kolonne Eagle-Jeeps fährt auf den Parkplatz. Geblendet von den Scheinwerfern können wir nur umrissartig erkennen, wer da kommt. Bundeswehr-Kräfte. Aber keine regulären. »Der südbayerische Wanderverein«, sagt Bachert und meint damit die Spezialkräfte des KSK *(Kommando Spezial-Kräfte, in Kunduz als Task Force 47)*. Was die hier machen und ob es mit den IED-Buddlern zusammenhängt – wir wissen es nicht.

Bacherts Soldaten öffnen weitere Holzkisten mit den unterarmgroßen Leuchtgeschossen. Aus Bacherts Funkgerät rauscht es. Es sind die Scharfschützen, die auf dem Wachturm Stellung bezogen haben. Sie beschreiben, was sie vor Ort sehen: »Da guckt teilweise nur der Kopf raus, wahrscheinlich traut der IED-Buddler sich nicht. Des Weiteren hat die Bevölkerung das jetzt mitgekriegt und hat ebenfalls kurz mal geguckt. Sind aber wieder ausgewichen. Die Personen, wie schon gesagt, noch vor Ort.«

Der Ton der Scharfschützen am Funk wird zunehmend gereizter. Sie sind sich sicher, dass die Personen, die sie klar und deutlich in ihren Visieren haben, Aufständische beim Vergraben von IEDs sind. Sie wollen sie bekämpfen. Doch der Befehl kommt nicht. Auf den Hinweis: »Wir haben ein klares Schussfeld« nur ein donnerndes Schweigen. Und der Befehl, noch eine Illum abzuschießen. Offensichtlich will man die Männer beim Graben nur stören, sie nur zum Abhauen bewegen.

Wie befohlen schießt Bacherts Trupp noch eine Illum ab. Es kracht, raucht und staubt. Dann über Funk die Meldung der Scharfschützen: »Lageinformation: Person ist ausgewichen, Person ist ausgewichen.« Es klingt frustriert.

Kurz darauf sitzen wir wieder zusammen am Tisch. Schröders Theorie zu den IED-Buddlern bezieht sich sicherlich auch auf die Erfahrung in Isa Khel: »Die haben ja alle Geld gekriegt, die LSF-Typen. Jetzt können sie sich wieder ein bisschen was einkaufen.«

Zum Frust der Scharfschützen erklärt mir Bachert: »Klar, das waren zu 90 Prozent Aufständische, die dort ein Ei hinlegen wollten. Aber wir müssen eben 100 Prozent – eigentlich 110 Prozent – sicher sein.« Sonst gibt es ein Drama. Und nichts ist schlimmer, als den Falschen zu töten.

Sebastian Bachert weiß, wovon er spricht. Als am Karfreitag 2010 in Isa Khel die drei Bundeswehr-Soldaten starben, war er dabei. Nicht bei dem angegriffenen Zug in Isa Khel, sondern als Teil der nachrückenden Verstärkung. Er war damals als Scharfschütze in Kunduz.

»Wir haben mit unseren Fahrzeugen einen Road Block *(Straßensperre)* gebildet. Alle wussten, was in Isa Khel passiert war. Dementsprechend angespannt waren wir.« Er spricht so flüssig, dass ich den Eindruck habe, Bachert hat über diesen Vorfall schon mehrmals gesprochen. Wahrscheinlich im Rahmen einer psychologischen Nachbereitung. Aber es fällt ihm immer noch nicht leicht.

»Es war gegen 19:30 Uhr, und es wurde dunkel. Da kommt ein Pick-Up auf den Road Block zugefahren. Auf der Ladefläche sitzen Bewaffnete. Wir hatten alle die Funkmeldungen zu den Gefallenen in Isa Khel im Kopf. Wir haben Stopp-Zeichen gegeben, die Signal-Pistole abgeschossen. Aber der Pick-Up hält nicht an! Dann kam der Feuerbefehl an den Marder.«

Bachert schaut sich kurz um. Schröder als Vertrauter von Bachert kennt die Geschichte. Die anderen Jungs von Foxtrott 4 nicht.

»Ja, und die 20-mm-Kanone des Marder feuerte auf den

Jeep. Und ihr wisst, was die 20-mm-Geschosse anrichten. Der ist nur noch brennend ausgerollt. Erst später haben wir gesehen, dass die Insassen afghanische Soldaten waren. Den Anblick werde ich nie vergessen.«

Pause. Dann sagt Bachert: »Wir haben uns nichts vorzuwerfen. Wir haben sie gewarnt. Sie haben einfach nicht angehalten. Was hätten wir machen sollen? Trotzdem eine Riesenscheiße.« Und: »Das ist eben Krieg.«

Nach der Rückkehr von seinem ersten Einsatz, erzählt mir Bachert später, habe er beim Autofahren immer hauptsächlich nach rechts geguckt. Bis seine Freundin ihn irgendwann fragte, was er denn da mache. Bachert: »Ich habe immer unbewusst nach IEDs geguckt! Aber das ist mir vorher gar nicht aufgefallen!«

Auf meine Frage, ob er als Scharfschütze selbst getötet hat, antwortet Bachert nicht direkt, aber deutlich genug: »Ich habe in einen Busch geschossen, da saß einer drin. Danach kam von dort kein Beschuss mehr.« Bacherts Waffe war das Scharfschützen-Gewehr G82, die Waffe kann Ziele bis auf 1200 Meter bekämpfen. Die 12,7×99-Kaliber-Patronen reißen Löcher groß wie Untertassen in einen menschlichen Körper. »Bilder, die du nie wieder vergisst«, sagt Bachert. Der 27-Jährige hat seinen Einsätzen einige »Bilder, die man nicht mehr vergisst«, zu verdanken. Im Sinne des Tatbestandes hat ihn sein Einsatz für Deutschland auch zum Totschläger gemacht. Natürlich gerechtfertigt, aber dass ich vor mir einen jungen Mann habe, der für Deutschland getötet hat, macht mir ein diffuses Unbehagen. Mein Land schickt seit dem »Afghanistan-Auftrag« wieder junge Männer zum Töten hinaus in die Welt.

Auch mit Schellenberger spreche ich über den Frust der Scharfschützen. »Klar, die Männer wollen den Feind bekämpfen«, sagt er. »Und hier war die Wahrscheinlichkeit sehr sehr hoch, dass es sich um Aufständische gehandelt hat, die IEDs vergraben haben. Aber wir brauchen eine hundertprozentige Bestätigung. Ein starker Verdacht hilft uns nichts. Was, wenn wir geschossen hätten, und dann waren es doch nur Bauern, die in der Nacht ihre Bewässerungsgräben überprüft haben? Dann würde der Schaden den Nutzen – wären es denn Aufständische gewesen – bei weitem übersteigen. Ein toter Zivilist treibt seine ganze Familie, manchmal das ganze Dorf in die Arme der Aufständischen. Viele Probleme in Afghanistan haben wir, weil wir als ISAF das zu spät begriffen haben. Dass das in einer Situation wie heute für die Männer frustrierend ist, kann ich natürlich auch verstehen.«

So einiges an der Strategie der Aufstandsbekämpfung ist für die deutschen Soldaten frustrierend und manchmal nur schwer nachzuvollziehen. Eine Strategie, die ehemalige Feinde *(die LSF-Kräfte)* zu Verbündeten macht. Eine Strategie, die Soldaten dazu zwingt, mehr oder weniger tatenlos dabei zuzusehen, wie der Feind seine Sprengfallen legt.

Kunduz – Hamburg – Kunduz

Am nächsten Morgen fahre ich mit dem Spieß zurück ins Feldlager Kunduz. Vier Wochen Hamburg stehen für mich an. Vier Wochen zu Hause, während die Jungs in Staub und Schlamm von Kunduz ausharren müssen. Inzwischen weiß auch ich, was das bedeutet. Und weiß: Das Schlimmste daran ist weniger die eigene Sorge als die Sorge der Familie und der Partnerin. Ich weiß – und die Soldaten wissen –, wann Sorge angebracht ist und wann wir in relativer Sicherheit sind. Diejenigen, die zu Hause warten, denken ständig an die Bedrohung. Sie kennen nur die Nachrichten – meistens sind es schlechte – und können nicht einschätzen, was vor Ort passiert. Jeder, der nach Afghanistan geht, mutet denen, die ihn lieben, genauso viel Krieg zu wie sich selbst.

Diesmal lande ich am Militärflughafen Köln-Wahn. Ich nehme ein Taxi zum Bahnhof, um von dort mit dem Zug nach Hamburg zu fahren. Es ist Freitagabend, der Bahnhof scheint Treffpunkt für die jungen Leute zu sein, die feiern gehen wollen. Die Mädchen haben sich hübsch zurechtgemacht. Schminke, kurze Röcke. Die Jungs haben Bierflaschen oder Alkopops in der Hand. Die Stimmung ist aufgedreht und laut. »Thank God it's Friday«, sagt einer. Ich sehe die jungen Männer kurz vor ihrer Party-Nacht und denke an die jungen Männer im PHQ Kunduz.

Meiner Freundin laufen die Tränen, als sich mich zur Begrüßung umarmt. »Abgekämpft siehst du aus«, sagt sie. Ich schiebe es auf den langen Flug. Wieder merke ich, wie viel ich ihr mit meinem Projekt zumute. Jeder kennt die Geschichten von Soldaten, die vor oder während des Einsatzes verlassen werden. Ich bin dankbar. Dankbar, zu Hause zu sein, dankbar für die Unterstützung meiner Freundin und dankbar dafür, dass ich nicht sechs Monate am Stück in Kunduz bin.

Um 5:30 Uhr am nächsten Morgen bin ich hellwach. Bin voller Unruhe, habe das Gefühl, tausend Sachen erledigen zu müssen. Will los, mein Auto bei meinen Eltern abholen, will um die Alster joggen, will mit meiner Produzentin sprechen, will meinen besten Freund treffen, will ... Als meine Freundin den Kopf aus dem Kissen hebt, rufe ich ihr zu: »Ich hol uns schnell einen Cappuccino!« Ihr Kopf fällt aufs Kissen zurück: »Baby, das Café hat noch gar nicht geöffnet.«

»Man selber merkt nicht, dass man sich verändert. Das merken andere«, hat mir ein einsatzerfahrener Offizier zu Anfang meines Projektes gesagt. Das stimmt. Meine Freundin sagt, dass ich in den ersten Tagen extrem rastlos, aber auch extrem schweigsam war. Ich habe das gar nicht gemerkt. Vielleicht hat Kunduz doch mehr in mir gearbeitet, als ich dachte. Ich habe mir immer gesagt, alles gut, ist doch nichts passiert. Nach ein paar Tagen in Hamburg ist die Unruhe weg, ich kann wieder schlafen.

Plastikplane über dem Safe House

Ein paar herrliche Wochen später bin ich – aufgetankt mit Liebe, Nähe, Fürsorge und gutem Essen – zurück in Afghanistan. Eine Versorgungsfahrt bringt mich zu »meinen Soldaten« ins Feld. Raus aus dem Feldlager, vorbei am Polizeihauptquartier, hoch auf die Westplatte und dann querfeldein. Es ist Anfang November und das Wetter entsprechend herbstlich – Wolken hängen tief am Himmel, der Boden ist matschig.

Die 3. Kompanie ist in der Nähe von Nawabad eingesetzt. Die Stadt liegt im Nordwesten der Provinz Kunduz und galt lange als Hochburg der Taliban. Auch heute noch ist sie ein vermuteter Rückzugsort für die Aufständischen. In Nawabad leben etwa 15 000 Menschen, die mehrheitlich der Ethnie der Paschtunen angehören.

Seit meinem letzten Aufenthalt wurde die Sicherheitsverantwortung im südlichen Teil des Distrikts offiziell an die Afghanen übergeben. Die Höhe 432 zum Beispiel wird jetzt von der ANA gehalten. Mein herzliches Beileid.

Durch die Übergabe werden für den Kommandeur der Task Force Kunduz, Oberstleutnant Lutz Kuhn, wieder Kräfte frei. Und mit denen will er in Nawabad Präsenz zeigen. In der Ortschaft soll ein Combat Outpost (COP), also ein Vorposten, gebaut werden. Nicht für die Bundeswehr, sondern hier soll die afghanische Polizei stationiert werden. Zuvor sollen die Soldaten der 3. Kompanie die Umgebung patroullieren und die COP-Baustelle bewachen. Die Bewohner von Nawabad sollen verstehen, dass ISAF – oder wenigstens die afghanische Regierung in Gestalt der Polizisten – gekommen ist, um zu bleiben.

Fußpatrouillen am Morgen, Befehlsausgaben und kleine Patrouillen am Nachmittag, Aufklärungspatrouillen mit Nachtsichtgeräten in der Nacht – der Tagesablauf der Soldaten der 3. Kompanie ist fordernd.

Die Kompanie ist in einem sogenannten Safe House untergebracht. In unserem Fall ist das eine große Freifläche, rundum geschützt mit einer Lehmmauer. Im Inneren bilden die Fahrzeuge eine Art Wagenburg – die Marder-Schützenpanzer, die Dingos und die Transportpanzer Fuchs. Es gibt einen Dieselgenerator. Das war's. Die Soldaten haben ihre Feldbetten neben den Fahrzeugen aufgestellt, darüber dicke Plastikplanen gegen die Witterung.

Der Foxtrott-Zug ist noch auf Patrouille. Ich klettere auf einen Vorsprung, um über die Mauer zu gucken. Die Wolken hängen schwer über dem Gebirge. Vor mir die Westplatte, auf der die Soldaten kurz nach unserer Ankunft ihre Waffen eingeschossen hatten. Damals war es eine staubige Wüstenlandschaft, jetzt wachsen hier und dort kleine Pflanzen, und die Erde ist von dünnem Gras bedeckt. Eine Schafherde zieht vorbei. Zwei Kinder – wohl die Hirten – haben mit einem Stecken einen Kreis in den Lehmboden gezogen. Jetzt holen sie Murmeln aus einem kleinen Sack. Neben mir steht ein Soldat, der die Gegend überwacht. Seine MP7-Maschinenpistole liegt auf der Lehmmauer. Vielleicht würde es mir in zwei Tagen nicht mehr auffallen, aber heute – gerade aus der Zivilisation zurück – finde ich das Bild absurd: im Vordergrund die MP des Soldaten – im Hintergrund Kinder, die mit Murmeln spielen.

Aus der Ferne kommt der Foxtrott-Zug herangerollt. Langsam zieht er an den Lehmhütten, an der Ziegenherde, an den mit Murmeln spielenden Kindern vorbei. In den Luken die Soldaten an ihren Waffen. Die waffenstarrende Kolonne von Militärfahrzeugen wirkt fehl am Platz in der friedlichen Landschaft. Andererseits: Landschaften sind meistens friedlich.

Stacheldraht wird beiseite geräumt. Der Dingo, der den Eingang blockiert, setzt zurück. Der Foxtrott-Zug fährt ins Safe House ein.

Großes Hallo zur Begrüßung. Und natürlich muss ich mir ein paar Sprüche anhören. Besonders zum Thema »Du und deine Freundin...«. Schröder fragt mich nur kopfschüttelnd: »Junge, warum bist du nicht einfach zu Hause geblieben?«

Wild und Körner stehen etwas unschlüssig mit Zigarette in der Hand neben ihrem Dingo. Wild: »Jetzt stehen wir hier. Jetzt wird es doch wieder dunkel vor dem Aufbauen.« Wenn die Soldaten die Nacht nicht auf dem Wagendach verbringen wollen, müssen sie sich jetzt beeilen.

Schröder erklärt: »Wenn wir eine TAA *(Tactical Assembly Area)*, also einen Sammelplatz, beziehen, wie jetzt hier, bauen wir uns als Erstes mit einem TARP *(Plastikplane als Regen- oder Sonnenschutz)* ein Dach über den Kopf.«

Um ihn herum befestigen Chill und Wild die Plane am Dingo und rammen Haken in den Boden. Körner baut derweil die sperrigen Feldbetten zusammen – laut vor sich hin fluchend.

Schröder weiter: »Das ist eigentlich das Wichtigste, dass man die Klamotten wenigstens im Trockenen hat und im Trockenen schlafen kann. Je länger man da bleibt, desto mehr baut man drum herum, damit es noch windgeschützter wird. Das Wetter ist nur noch nass und kalt. Und überall nur Schlamm. Der Lehmboden hier saugt das Wasser relativ gut auf, so dass nicht viele Pfützen entstehen. Aber es ist halt alles nur noch matschig.« Nun weiß ich ja Bescheid. Derzeit sind es etwa 10 Grad, die Luft ist feucht.

Nachdem auch ich mein Feldbett aufgebaut und meine Siebensachen unter der Plane verstaut habe, frage ich Wild, wo es hier zu den Toiletten geht. »Also, das letzte Mal, als wir in Nawabad waren, hatten wir die Lösung, dass wir uns einfach ein Loch in den Boden graben und uns dann sportlich befreien ...« Er zeigt auf eine mit einem Plastik-Paravent umstellte Ecke. »Jetzt haben wir Papp-Klos. Im Prinzip ein Karton mit Loch drin. Hier hast du 'nen Müllbeutel. Müllbeutel rein und dann viel Erfolg.«

Und tschüss. Das Örtchen ist gewöhnungsbedürftig, aber funktional. Und durch den Trick mit dem »persönlichen« Müllbeutel auch sauber. Die Soldaten nennen das »Kack und Pack«.

Die erste Nacht unter der Plastikplane schlafe ich überraschend gut. Wir alle haben zusätzlich Gore-Tex-Hüllen zum Überziehen unserer Schlafsäcke bekommen. Die sind wasserdicht, werden bis zur Nasenspitze hochgezogen, und man fühlt sich darin wie die Wurst im Schlafrock. Der Wind schüttelt die Plastikplane in der Nacht ordentlich durch, aber sie hält. Zum Glück regnet es nicht.

Morgens 5:00 Uhr

Schröder ist schon wach und hängt über einer Karte, die er auf seinem Feldbett ausgebreitet hat. Zwei Fahrzeuge weiter steht Hauptmann Schellenberger und putzt sich die Zähne.

In der anderen Ecke des Safe House kniet jemand zum Gebet am Boden. Ein Soldat der afghanischen Armee. Er und seine Kameraden haben neben den Bundeswehrsoldaten Stellung bezogen. Ich kann mir nicht helfen, ich finde: Ganz schön nah dran.

In zuckersüßer Tonlage holt Juwe Schröder seine Soldaten aus dem Schlaf: »Wach werden, meine Häschen!«

Körner, Chill und Wild kriechen aus ihren Schlafsäcken. Chill hat schon eine Kippe im Mund, als hätte er so geschlafen. Die Soldaten sehen platt und ausgelaugt aus. Ich frage Chill nach den vergangenen Wochen: »Eigentlich waren wir andauernd im Einsatz. Wir leben halt in der Lage. Draußen essen. Draußen schlafen. Draußen in der Kälte Patrouille laufen. Zurzeit haben wir kaum Erholungsphasen …«

Er zündet seine Kippe an. Im Hintergrund rasselt ein Schützenpanzer vorbei.

»… wo wir mal wirklich einen Tag für uns haben. Wo wir uns einfach nur regenerieren können. Durch das Wetter, das draußen herrscht, und auch durch den Auftragsstress, der zurzeit herrscht – das lutscht einen langsam, aber sicher aus …«

Jetzt schält sich auch Wild aus seinem Schlafsack. Kippe an.

»… wir sind alle krank und halten uns seit zwei Wochen nur noch mit Tabletten über Wasser.«

Körner setzt Wasser für den Instant-Cappuccino auf den kleinen Campingkocher.

Zugführer Andi Isensee zeichnet mit bunter Kreide eine Operationsskizze an seinen Dingo. Von weitem: moderne Kunst. Wenn die Soldaten gefrühstückt haben, wird er die Befehle ausgeben.

Ich sitze mit Schröder und seiner Gruppe unter der Plastikplane. Es gibt Pulver-Cappuccino und Bundeswehr-Hartkekse mit Marmelade aus dem EPa.

Präsenz zeigen

Im Tiefflug rasen zwei C53-Transporthubschrauber über die Westplatte und über die Lehmhütten von Nawabad. Später erfahren wir, dass sie für einen Verletzten-Transport von Kunduz nach Mazar-i Sharif hier sind. In den frühen Morgenstunden wurde ein Fennek-Spähfahrzeug der Aufklärungskompanie angesprengt. Ein Soldat wurde mittelschwer, ein anderer leicht verletzt. Die beiden hatten noch Glück. Die IED wurde durch eine »pressure plate«, also eine Druckplatte, ausgelöst. Das Fahrzeug ist – aus Sicht der Aufständischen – von der falschen Seite auf den Auslöser gefahren.

Isensee steht vor dem bunt bemalten Dingo. Seine Gruppenführer stehen um ihn herum.

Befehlsausgabe:
»Phase 1 ist Gewinnen Stellung eins. Phase 2 ist das Halten der Stellung eins und das Überwachen der ANP auf Objekt eins. Phase 3 ist das Durchstoßen bis zum Gewinnen dieses Raumes hier.«

Er zeigt auf eine rot markierte Stelle seiner Zeichnung.

»Phase 4 ist Gewinnen COP Juliet 89.

Phase 5 ist Nehmen Objekt drei. Phase 6 ist Offenhalten Objekt vier. Phase 7 ist ab nach Hause.«

Phase 7: Ab nach Hause. Das habe ich verstanden. Den Rest nur so halb. Ich halte mich an Schröder, Chill, Wild und Körner.

Die Soldaten machen sich fertig, gehen Richtung Ausgang. Da fügt Isensee hinzu: »Und sollte die ANP *(Afghanische Polizei)* sich wieder prügeln wie beim letzten Mal: Nicht dazwischen gehen. Lasst sie einfach machen ... Und mindestens 300 Meter Abstand, es könnte sein, dass die schießen.«

Wir verlassen das Safe House. Der Zug marschiert aufgereiht, einer nach dem anderen. In drei Metern Abstand zueinander, um bei Beschuss oder einer Sprengfalle kein allzu kompaktes Ziel abzugeben. Ich gehe zwischen Schröder und Wild.

Schröder erklärt, dass der Zug den Auftrag hat, eine Patrouille durchzuführen, bei der

1. Kontakt zur Zivilbevölkerung durch Nachrichten-Offizier und Sprachmittler aufgenommen und
2. die ANA bei einer Hausdurchsuchung begleitet werden soll.

Mit der ANP in Nawabad

Nach 15 Minuten erreichen wir die ersten Häuser der Ortschaft. Vielleicht liegt es an der Uhrzeit, aber wir treffen keinen einzigen Einwohner der Stadt. Ich frage Schröder nach seinen Eindrücken von Nawabad. Die Soldaten waren in meiner Abwesenheit schon einmal hier.

»Die Bevölkerung ist eingeschüchtert und steht uns sehr reserviert gegenüber«, sagt er. »15 000 Einwohner? Ich habe bei den Patrouillen vielleicht 50 bis 60 Menschen gesehen. Von weitem. Wenn sie uns kommen sehen, verschwinden sie. Selbst die Kinder bleiben in den Compounds.«

Wir gehen durch die Gassen. Die Türen bleiben geschlossen. Immer noch scheint alles menschenleer. Eine Geisterstadt. Dann haben wir den Hof erreicht, den die afghanischen Soldaten durchsuchen sollen.

Isensee über Funk: »3.0 hier Fox. Wir beginnen jetzt mit der Hausdurchsuchung.«

Die ANP-Polizisten sammeln sich. Sie tragen weitgehend einheitlichc blauc Uniformen. Schuhe, Kopfbedeckung und Winterjacken sind sichtbar privat beschafft. Manche haben Turnschuhe an, andere Stiefel, manche haben eine Jacke, andere nicht. Die Polizisten betreten den Compound. Und finden eine kleine Ziegenherde im Hof, dazu zwei ältere Männer und ein paar Kinder. Die Polizisten durchsuchen ein paar Ställe auf dem Gelände, nach etwa einer Viertelstunde ziehen sie ab. Kein großer Aufwand, kein Ergebnis.

Das waren Phase 1 (*Gewinnen Stellung eins*) und Phase 2 *(das Halten der Stellung eins und das Überwachen der ANP auf Objekt eins)* von der Befehlsausgabe.

Wir gehen weiter. Phase 3 *(das Durchstoßen bis zum Gewinnen dieses Raumes hier – Fleck auf der selbstgemalten Karte)*, um Phase 4 *(Gewinnen COP Juliet 89)* zu erledigen. Aufgereiht gehen wir über eine Sandstraße.

Plötzlich hören wir Schüsse. Schröder über Funk: »Fox, hier 4, Feuerkampf.«

Isensee lässt über Funk klären, ob die Schüsse von den afghanischen Polizisten kamen.

Isensee: »Fox an alle, bei der ANP derzeit kein Feuerkampf. Wir klären weiter auf. Absicht unverändert. Ohren auf. Ende.«

Zwei Afghaninnen mit Kopftuch stehen in einem Hauseingang und gucken. Schröder flucht: »Scheißrichtung. Wir laufen gerade voll in die Scheißrichtung.«

Die afghanischen Polizisten durchsuchen eine Gruppe Zivilisten mit drei Eseln. Isensee funkt: »Wir haben im Bereich Objekt 1, 2 oder 3 einen Feuerstoß gehört. Könnt ihr da irgendwas aufklären? Kommen.«

Körner: »Wenn wir zu Fuß unterwegs sind, hab ich eigentlich weniger Angst …« Soldaten marschieren vorbei. »… weil wir ja viele Personen sind, und das schreckt doch ein bisschen ab.«

Eine Gruppe Afghanen steht zusammen. Sie beobachten uns.

Körner: »Dass man den Feind nicht erkennt, weil alle gleich aussehen – das wusste man ja schon vorher, das ist halt nicht so einfach.«

Dann erklärt Isensee, dass die Schüsse wohl von dem Vorposten kamen, auf den wir jetzt zulaufen. Warum, weiß er auch nicht.

Zwei Esel stehen auf einem abgeernteten Feld und glotzen.

Körner sagt mir: »Man muss eben in seinem Beobachtungsbereich bleiben. Gerade wenn man eine Beobachtungspause macht ...«

Am Fuß einer Anhöhe halten wir an *(Gewinnen COP Juliet 89)*, in der Baumgruppe am Fuße des Vorpostens sammelt Schröder seine Gruppe.

Totti: »... und man muss darauf achten, dass Personen nicht zu nah an einen rankommen.«

Schröder ruft: »Hier links, Stellung beziehen!«

Auftrag von Foxtrott 4 ist das Sichern der Umgebung, während Hauptmann Schellenberger mit den lokalen Sicherheitskräften auf dem Vorposten Kontakt aufnimmt.

Schröder zu Chill: »Chill, bei dir will ich, dass du dich auf die Ecke setzt, dass du den Bereich links von der kleinen Waldbürste einsehen kannst in diese Richtung. Ich geh noch ein bisschen weiter rüber, und du kommst noch ein bisschen ran, Gina.«

Daniel »Gina« Wild postiert sich. Schröder ruft ihm zu: »Gina, haltet den auf Abstand.« Er deutet auf einen ANP-Afghanen, der in der Nähe neben seinem MG hockt.

Chill auf seiner Ecke kaut Kaugummi. Als die Umgebung gesichert ist, geht eine Gruppe Soldaten mit Hauptmann Schellenberger hoch zum Außenposten. Gesprächsaufklärung. Schröders Gruppe und eine andere Gruppe bleiben zurück, um die Umgebung zu sichern.

Phase 5 *(Nehmen Objekt drei)* und Phase 6 *(Offenhalten Objekt vier)*.

Nach 20 Minuten, in denen Schröders Soldaten auf jede Bewegung in der Nähe achten, meldet Isensee über Funk: »Fox an alle, weiter geht's.« Schröder und Wild stehen auf.

Die Soldaten gehen durch das Dorf. Ein alter Mann steht vor seinem Haus. Die Hände hat er hinter dem Rücken verschränkt. Interessiert betrachtet er die vorbeimarschierenden deutschen Soldaten. Ein Junge pumpt Wasser an einem Brunnen. Kinder stehen am Straßenrand.

Phase 7: ab nach Hause. Erschöpft kehren die Soldaten zum Safe House zurück. Wir waren etwa sechs Stunden unterwegs. Wir lassen uns auf die Feldbetten unter der Plastikplane fallen. Nehmen die Schutzwesten ab, darunter schwitzt man bei jeder Witterung, deshalb schnell in ein trockenes T-Shirt und einen warmen Pullover.

Körner füllt Rouladen aus der Dose in einen Topf auf dem Gaskocher. Die Rouladen sind aus einem Verpflegungspaket von Körners Mutter.

Körner: »Juwe, ein oder zwei Rouladen?« Schröder: »Eine reicht.« Körner: »Ich hau da auch noch Würstchen dazu.« Fleisch mit Fleischbeilage. Schröder tippt eine SMS an seine Familie. Körner füllt Rouladen auf einen Plastikteller. »Ordentlich Soße ran«, fordert Wild und empfängt gierig seine Portion. Fleisch ist unser Gemüse.

Körner zu Chill im Schlafsack: »Prinzessin. Hier, hau dir das in deine eklige Fresse rein.«

Chill stochert im Essen. Körner: »Das habe ich selber gemacht.« Schröder: »Ja, mit Mehlschwitze und allem Scheiß, hat er gesagt.«

Ein paar Stunden später sitze ich mit Körner im Dingo, der vor dem Eingang zum Safe House steht. Körner hat den Auftrag, die Umgebung zu überwachen. Dafür hat er vor sich einen Monitor mit Wärmebild. Auch in schwärzester Nacht sieht er so genau, was passiert. Ein Hund läuft vorbei, auf der Ebene ziehen Kamele. Langsam geht die Sonne unter.

Kameradschaft und was sonst noch zählt

PRT Kunduz – Feldlager der Bundeswehr
Wir haben zwei Tage »Reha«. Abhängen, essen, schlafen, Sport. In der Betreuungseinrichtung der 3. Kompanie – der »TaliBar« – stehen Schröder, Chill, Körner am Kicker-Tisch. Schröder kickert allein gegen Körner und Chill.

Chill hat mir neulich erzählt: »Bei uns ist es ziemlich harmonisch. Schon von Anfang an. Witze gehören einfach dazu. Ohne Lachen geht das hier nicht. Irgendwo muss man auch wieder was Positives aus der ganzen Sache rausziehen.«

Am nächsten Morgen ist wieder Schluss mit Auftanken. Die Männer von Fox 4 schlurfen den Gang ihres Wohnkomplexes entlang in Richtung ihres Dingos. Lustpegel: sehr niedrig. Allen geht es so. Sie machen sich einen Spaß aus ihrer Lustlosigkeit.

Körner: »Und wie geht es dir, Daniel?«

Wild: »Mir geht es sehr gut, Thorsten, Dank der Nachfrage!«

Körner: »Das freut mich, dass es dir so gut geht.«

Wild: »Und wie geht es dir?«

Körner: »Ja wunderbar!«

Am Dingo wird der Kofferraum beladen. Auftrag: Reserven aufstocken. Es geht wieder raus. Zwölf Tage Raumverantwortung außerhalb des Feldlagers.

Gruppenführer Juwe Schröder kommt dazu. Körner: »Oh, er war beim Frisör!« Im Feldlager gibt es einen afghanischen Frisör. Er heißt Hadji, ist mindestens siebzig und sieht aus wie hundert. Seine Fähigkeiten gelten als, naja, durchschnittlich. Die meisten Soldaten schneiden sich die Haare gegenseitig. Schröder hat Hadji vertraut. Seine Gruppe hat ihren Spaß dabei.

Der Dingo Foxtrott 4 fährt aus dem Feldlager raus, und schon macht sich mein Magen bemerkbar. Aber immerhin – mit jedem Mal deutlich weniger. Aus den selbstinstallierten Boxen im Dingo schallt: *Jessie, paint your pictures 'bout how it's gonna be … by now I should know better your dreams are never free.*. Ich finde das skurril. Schnulzen von One-Hit-Wonder Joshua Kadison. Jessie! »Abgefahren«, denke ich. Das Lied habe ich das letzte Mal mit dreizehn auf einer Engtanzparty gehört. Achtzehn Jahre später bin in Kunduz, alles andere als eine Engtanzparty. Hätte ich mit dreizehn auch nicht gedacht. Kopfkino mal anders.

Normalerweise läuft bei Foxtrott 4 die Playlist von Daniel »Gina« Wild. Die ist weniger romantisch. Die Atzen, Frauenarzt und andere Schweinereien. Wild und Körner singen dann mit, sie lieben die eingängigen, absolut versauten Songs. Schröder und ich hassen sie, Chill ist es egal. Der konzentriert sich als unser Fahrer auf die Straße. Manchmal interveniert Schröder und will, per Order des Mufti, Rockklassiker wie ACDC, Nirvana, Metallica oder auch norddeutschen Hip Hop von den Absoluten Beginnern und Samy Deluxe aus Hamburg. Das sind für mich dann die besten Fahrten. Ich bin in Kunduz und höre Musik aus meinen Teenagerjahren. Musik von den Beginnern aus meiner Heimat Hamburg: *Wir sind am Start, und die Welt ist groß. Wir ham kein Ziel, aber wir fahr'n los. Unser Zug ist abgefahr'n – doch wir sitzen drin …*, da entspannt sich sogar mein Magen.

Aber jetzt läuft *Jessie, paint your pictures…*. Obwohl der Song so schmalzig ist, dass es trieft, sagt keiner der harten

Soldaten etwas. Alle genießen die musikalische Harmonie. Selbst Wild wippt friedlich mit dem Kopf. Ich frage ihn, was die knapp fünf Monate mit der Gruppe gemacht haben.

»Die Veränderung merkt man bei uns schon. Es ist viel lockerer geworden.« »Gina« Wild ist erst seit eineinhalb Jahren bei der Bundeswehr und schon in Kunduz.

»In unserer Gruppe, das ist wie eine Freundschaft. Nicht mehr das Militärische, wie ›guten Tag, Herr Oberfeldwebel‹, so dienstlich angespannt. Hier im Einsatz ist es so locker geworden, das kann ich mir in Deutschland gar nicht vorstellen.«

Während wir durch Kunduz fahren, holt Körner ein Kartenspiel heraus. Sein Bruder hat es geschickt. Auf jeder Karte eine nackte Frau. Die Busengröße schwillt mit dem Kartenwert kontinuierlich an. Ein willkommener Anblick. Wild: »Schau dir mal die Dinger an!«

In diesem Moment in ihrem Dingo sind die Soldaten der Gruppe Foxtrott 4 einfach nur Jungs. Für einen Moment lassen sie alles Schwere, alles Ernsthafte fallen. Freuen sich über weibliche Brüste, lachen, nehmen sich gegenseitig auf den Arm und wippen ihre Köpfe zu schnulzigen Liedern. Frauenfeindlich? Ach was. Simple Entspannung eben. Wäre eine Soldatin unter uns – in der Kompanie sind auch fünf Frauen im Einsatz –, bliebe das Kartenspiel im Feldlager. Aber hier sind die Männer unter sich. In diesem Moment muss keiner den harten Kerl markieren. Und auch ich, mittendrin, mache halblang, vergesse die Bedrohung, vergesse sogar das kritische Beobachten. Die Musik ist friedlich, wir kichern, wir schauen uns nackte Mädchen an. Draußen ist Kunduz, aber drinnen sind wir.

Da ruft »Juwe« Schröder zur Ordnung: »Jungs, achtet auf eure Beobachtungsbereiche. Totti, Waffe nach links!«

»Totti«: »Waffe ist links.«

Es wird wieder ruhiger im Dingo. Nur der Funk rauscht hin und wieder. Und aus der Box kommt das nächste Lied: *Übernimm die Wacht, bring mich durch die Nacht, rette mich durch den Sturm, fass mich ganz fest an, dass ich mich halten kann*. Herbert Grönemeyer »Land unter«.

Ich denke über die Jungs nach und über die Art und Weise, wie sie sich als Gruppe in diesen Monaten entwickelt haben. Über das, was Wild gesagt hat.

Was die Soldaten hier in Afghanistan erleben, ist auch ein Zusammenhalt unter Jungs, jungen Männern, unter Männern. Eine Bedrohung von außen und eine Gemeinschaft im Inneren. Auch das ist Teil der Erfahrung Afghanistan. Ein Soziologe hätte seine helle Freude, könnte er die Bundeswehrsoldaten im Einsatz begleiten. Ich bin kein Soziologe. Aber die Bedeutung des Wortes Kameradschaft geht auch an mir nicht so einfach vorbei. Die Jungs von Foxtrott 4 sind eine eingeschworene Gruppe. Natürlich kracht es mal, es wird gepöbelt und geschimpft. Aber letztlich wissen alle, dass sie die sechs Monate nur gemeinsam überstehen. Klar, auch Notwendigkeit und Zwang hält die Gruppe zusammen. Sie müssen eine Menge aushalten: scheiß Aufträge, scheiß Wetter, scheiß Witterung, scheiß Essen – und auf vieles verzichten: Alkohol, Sex, Zärtlichkeit, Fernsehen, ein gemütliches Bett, saubere Kleidung, Privatsphäre, Sicherheit. Und einiges mehr. Kameradschaft?

Jeder der Soldaten, die ich begleite, versteht Kameradschaft auf seine eigene, persönliche Weise.

Schröder: »Kameradschaft ist immer das große Stichwort. Kameradschaft heißt in diesem Falle für mich, dass die alle gewaltig aufeinander Rücksicht nehmen müssen. Nicht mehr nur an sich denken, sondern an die Gruppe, an den Zug, an die Kompanie denken müssen. Und dass Egoisten hier überhaupt nicht gebraucht werden. Sondern jeder muss für den Anderen mitdenken.«

Chill: »Kameradschaft ist, dass man gegenseitig Rücksicht nimmt, aufeinander aufpasst, weil jeder mal einen schlechten Tag hat. Durch die Eindrücke, die da auf uns einprasseln, haben wir immer mal nen schlechten Tag und sind mal schlecht gelaunt. Dass man dann drüber wegschaut und sich nicht gleich an die Gurgel springt und sich vielleicht auch wieder aufbaut – das ist Kameradschaft für mich.«

Die offiziellere Definition ist wie folgt:
Kameradschaft in der soldatischen Gemeinschaft bedeutet die Pflicht jedes Soldaten, seinem Kameraden unter allen Umständen – auch unter Lebensgefahr – beizustehen. Das Besondere an der soldatischen Kameradschaft ist, dass sie nicht an persönliche Verbundenheit im Sinne von Freundschaft o. ä. gebunden ist, sondern von jedem Soldaten als Dienstpflicht gefordert wird. Dies ergibt sich aus § 12 Soldatengesetz (SG).

Abgesehen davon, dass Soldaten zu Kameradschaft »verpflichtet« sind, so ist sie ursprünglich eine soldatische Tugend. Und eine Tugend ist grundsätzlich die Fähigkeit, das Gute mit innerer Neigung zu tun. Kameradschaft kann also nicht erzeugt werden, sondern entsteht im gemeinsamen Einsatz für ein gemeinsames Ziel. Das vermutlich wichtigste gemeinsame Ziel der Kameradschaft lässt sich in Abgrenzung zu ähnlichen Begriffen wie Loyalität, Solidarität, Freundschaft oder Kollegialität erkennen, denn im Gegensatz zu diesen ist der Kameradschaft die Lebensgefahr zugehörig. Das wichtigste gemeinsame Ziel dürfte also das pure Überleben sein. Neben dem Risiko, durch Waffengewalt zu sterben, sind es vor allem existenzbedrohende Entbehrungen und auch Angst, die Soldaten im Kriegsszenario zusammen-

schweißen. Die Theorie dahinter ist: Selbstlosigkeit und bedingungslose Hilfsbereitschaft innerhalb einer Gemeinschaft erhöhen die Überlebenswahrscheinlichkeit aller ihrer Angehörigen. Daraus leitet sich folgende Definition ab: »Kameradschaft ist die Tugend, aufgrund der seelischen Verbundenheit innerhalb einer zielgerichteten Schicksalsgemeinschaft auch unter Lebensgefahr unterschiedslos nächstenliebend zu wirken.« (Werner Sorg: Das Wesen der Kameradschaft, Wiener Neustadt, 2004, Quelle: Wikipedia)

Talib oder nicht Talib?

Wir sind wieder in Nawabad unterwegs. Sind wieder seit ein paar Tagen im Safe House, schlafen unter der Plane. Das Wetter ist garstig – windig und immer wieder auch Regen. Wir haben das Safe House gegen 8 Uhr verlassen. Der Auftrag des Foxtrott-Zuges ist es, eine Patrouille in der Umgebung durchzuführen. Dabei soll Hauptmann Paul – der Nachrichtenoffizier mit dem Goldring – Gesprächsaufklärung betreiben. In der Region sind wiederholt IEDs gefunden worden. Man weiß, in der Gegend muss es eine Werkstatt für die Sprengsätze geben. Hauptmann Paul soll die Bevölkerung und mögliche Verdächtige befragen. Die Soldaten des Foxtrott-Zuges sollen Präsenz zeigen und den Nachrichten-Offizier bei seiner Arbeit sichern.

Ich laufe, aufgereiht wie die Soldaten, in der Kolonne hinter Schröder. Wir laufen die Sandstraße in einem ärmlichen Dorf entlang. Rechts ein Bewässerungsgraben, links zwei Holzhütten. In der einen ist eine Garküche, in der anderen eine Art afghanischer Kiosk – Telefonkarten, Kekse, Schokolade, Spielzeug aus China oder Pakistan werden hier verkauft. An dem Bewässerungsgraben pickt eine Gruppe Truthähne im Boden nach Nahrung.

Schröder ruft: »Totti, die Truthähne sind extra für dich auf der Balz.« Als Körner an den Vögeln vorbeimarschiert, fangen sie tatsächlich an, ihre Federn aufzustellen und zu gackern. Die Afghanen im Kiosk lachen. Über die vergangenen Wochen hat man sich hier an die deutschen Soldaten gewöhnt. Der afghanische Sprachmittler erzählt mir, dass die Bevölkerung in diesem Dorf – ganz langsam – Vertrauen fasst. Die Deutschen waren jetzt häufiger hier und haben sich korrekt verhalten. Wenn ein Haus durchsucht wurde, hat man den Afghanen die Zeit gegeben, die Frauen in einen anderen Bereich zu bringen. Die Soldaten waren höflich, haben die Sprachmittler vorgeschickt und Respekt gezeigt. Das ist wichtig in Afghanistan. Hier geht es, wenn man von »interkultureller Kompetenz« spricht, nicht um einen guten Geschäftsabschluss in China, sondern um Leben oder Tod. Und dies ist ein Dorf in der Nähe des Safe House. Es gibt davon viele. Aber nur in diesem hier stehen die Menschen draußen, wenn die Soldaten kommen, die Kinder wollen Kekse oder Stifte. Und die Bewohner lachen. Immerhin.

Als wir die nächste Ansammlung von Häusern erreichen, wird die Stimmung angespannter. In dieser Siedlung sollen die IEDs gebaut werden. Auf der Straße ist niemand zu sehen, mal wieder sind die Tore der Compounds geschlossen. Sicheres Gebiet und Feindesland ist in dem Areal, in dem wir uns rund um Nawabad bewegen, eine Frage von wenigen hundert Metern. Und auch eine Frage der Ethnie der jeweiligen Bevölkerung. Im letzten Dorf leben mehrheitlich Tadschiken. Die Tadschiken in der Region unterstützten während der Herrschaft der Taliban in weiten Teilen die Nordallianz um Ahmad Shah Massoud, dessen Vater Tadschike war. In dem Dorf, das wir jetzt erreichen – und in dem die IED-Werkstatt vermutet wird –, sind die meisten Einwohner Paschtunen, und die Paschtunen stehen den Taliban näher. Die Ideologie der Talibs ist vom paschtunischen Rechts- und Ehrenkodex, dem Paschtunwali, geprägt. Man spricht eine Sprache, hat ähnliche Werte und sowieso die gleiche Religion – den sunnitischen Islam.

Immer wieder kommt mir der Gedanke, wie zutiefst fremd den einfachen Dorfbewohnern diese deutschen Soldaten erscheinen müssen. Wie unfassbar ehrgeizig – um ein kleines Wort zu gebrauchen – das Ziel von Bundeswehr und ISAF gesteckt ist. Nämlich den Menschen in diesen ärmlichen, abgelegenen Dörfern begreiflich zu machen, dass es ihnen besser gehen wird, wenn sie fremde, christliche, aus aller Welt stammende Soldaten unterstützen.

Das Gebiet, in dem die Bundeswehr dieses Ziel erreichen will, ist nicht unüberschaubar groß. Das Kunduz-Tal umfasst zirka 40 Kilometer von Nord nach Süd und mehr oder weniger 30 Kilometer von Ost nach West. Im Feldlager Kunduz sind um die 2 500 Soldaten stationiert. Das klingt zunächst nach einer Menge Soldaten für einen übersichtlichen Raum. Aber nur die Wenigsten davon sind für den Einsatz außerhalb des Lagers vorgesehen. Für die »Raumverantwortung«, also die Aufrechterhaltung der Sicherheit im Raum Kunduz, ist die Task Force Kunduz *(Offizielle Bezeichnung/Politikersprech: Ausbildungs- und Schutzbataillon Kunduz)* verantwortlich. Also die Einheit, die ich begleite. Oberstleutnant Lutz Kuhn, der Kommandeur der Task Force, hat in seinem Bataillon etwa 600 bis 700 Soldaten unter seinem Kommando. Davon ist immer eine Kompanie – also etwa 180 bis 200 Soldaten – im Feldlager, um Kräfte zu tanken. Macht etwa 400 Soldaten, die »draußen« sind. Der Feind tritt jedoch nicht offen auf. Er sucht Zuflucht in den Dörfern, er legt Sprengfallen, er geht den besser bewaffneten Bundeswehr-Einheiten aus dem Weg, er trägt keine Uniform, tritt nur dann als »Feind« in Erscheinung, wenn er sich dazu entscheidet. Die Bundeswehr kann nur einzelne Außenposten, auch einige Straßen und strategisch wichtige Punkte besetzen und sichern. 400 Bundeswehr-Soldaten richten in der Fläche mit Dörfern, Bergen,

Feldern und weiten Ebenen nicht viel aus. Sie besetzen nur Wegpunkte.

»Wenn der Feind offen angreift, würden wir ihn immer besiegen«, hat mir der Kommandeur der Task Force Kunduz Lutz Kuhn am Anfang der Mission gesagt. »Wir können mit unserer Stärke auch in jedes Gebiet vordringen. Das ist nicht unser Problem. Die Schwierigkeit ist, in ein Gebiet vorzudringen und dort auch präsent zu bleiben. Die Bevölkerung muss merken: Wir bleiben. Rein und gleich wieder raus bringt uns in diesem Konflikt, bringt uns bei Counterinsurgency *(Aufstandsbekämpfung)* nicht weiter. Alles, was wir tun, muss nachhaltig sein. Das ist auch bis zu einem gewissen Grad ein politischer Prozess. Wir müssen mit Soldaten vor Ort sein. Aber wir müssen genauso die Dorfältesten, die Führer der einzelnen Gruppen dazu bringen, dass sie uns unterstützen. Das ist Afghanistan. Allein auf weiter Flur können wir mit unserer ganzen militärischen Stärke nichts ausrichten. Rein militärisch ist dieser Konflikt nicht zu gewinnen. Und das sage ich Ihnen als Militär.«

Aufgereiht an der schon erwähnten Perlenkette in beigem Tarn gehen wir durch das menschenleere Dorf. Schröder und Wild, die vor mir gehen, blicken sich nervös um. Wir machen kurz Pause.

»360 Grad Sicherung«, ruft Schröder seinem Trupp zu. Totti übernimmt die Seitenstraße. Wild hockt sich mit Blick nach vorne hin. Chill lehnt an einer Lehmmauer und sichert nach hinten.

Schröder erklärt: »Militärisch gesehen, achte ich jetzt, auch nach fünf Monaten noch, immer auf die Abstände. Dass die Jungs die Abstände einhalten.«

»Wieso die Abstände?«, frage ich.

»Naja, wenn irgendwo was hochgeht, soll es nicht drei, vier oder fünf der Männer erwischen. Sondern dann sollen die Abstände so weit aufgelockert sein, dass da vielleicht einer verwundet ... oder sonst was wird.«

Nach einer Weile belebt sich das Dorf. Die Bewohner haben gemerkt, dass die Fremden nicht hier sind, um zu kämpfen. Sie haben wahrscheinlich auch gemerkt, dass die Aufständischen sich verdrückt haben. Das ist Schröders Verdacht. Die Dorfbewohner haben abgewartet, um zu sehen, ob die Talibs, die in dem Dorf sind, angreifen oder abhauen.

Ein Fahrzeug nähert sich den Soldaten. Irgendein klappriges japanisches Fabrikat. Die Soldaten am Ende der Kolonne stoppen es und durchsuchen den Kofferraum. Zivilpersonen, die die Patrouille passieren wollen, werden grundsätzlich durchsucht.

Wir gehen weiter, ein Bach blockiert den Weg. Eigentlich kein Problem, ein lockerer Sprung. Aber wir alle tragen die 18 Kilo schwere Schutzweste, einen Rucksack mit Wasser und die Soldaten außerdem Munition, Handgranaten und ihre Waffen. Also wird eine Kette gebildet. Derjenige, der springt, wird von einem der Jungs auf der anderen Seite aufgefangen. So klappt es, keiner wird nass.

Während wir Mann für Mann über den Bach hüpfen, sichern uns nach allen Seiten Soldaten mit MGs. Sie liegen auf dem Boden und haben das Zweibein – die Stütze – ihrer Maschinengewehre ausgeklappt.

Als wir alle drüben sind und die nächsten Häuser erreicht haben, funkt Hauptmann Paul, der Nachrichten-Offizier, dass er anhalten möchte. Anscheinend hat er jemanden gefunden, mit dem er sich gerne unterhalten würde.

Schröder positioniert seine Soldaten zur Sicherung. Hauptmann Paul ruft über seinen Sprachmittler einen Afghanen heran – ich schätze um die 25, wie gesagt, schwer zu erkennen. Er geht auf Krücken, scheint eine Verletzung am Fuß zu haben. Vielleicht ist es das, was den Nachrichten-Offizier misstrauisch gemacht hat.

Pauls Auftrag ist es, den Verdächtigen zu befragen und zu registrieren. Schröder soll mit seinem Trupp den Hauptmann bei der Arbeit sichern.

Mir fällt ein, was Kommandeur Kuhn gesagt hat und was ich im »Counterinsurgency Field Manual« *(Feldhandbuch Aufstandsbekämpfung)* gelesen habe. Die Infanterie-Soldaten wie Schröder und sein Trupp sind notwendig, ohne sie geht hier gar nichts. Ihre klassischen militärischen Fähigkeiten – Sichern, Halten, Überwachen, Kämpfen, Marschieren – sind die Grundlage. Aber Erfolg oder Misserfolg – das liegt nicht mehr in den Händen der Soldaten am Boden. Der Konflikt hat sich verlagert. Und wer die Lage positiv sehen will, kann darin vielleicht sogar einen Fortschritt erkennen. Heute geht es um nachrichtendienstliche Tätigkeit, das Ausschalten einzelner Talib-Führer durch Spezialeinheiten, sichtbare Aufbauarbeit in den Dörfern, Aufbau von Vertrauen durch Gespräche mit den Dorfältesten – eine eher politische Aufgabe – und um die Zusammenarbeit mit ANP (*Afghan National Police),* ANA *(Afghan National Army)* und LSF *(Local Security Forces),* die ein so elementarer Teil der Abzugsstrategie ist. All das wird von der Bundeswehr in Kunduz gefordert. Theoretisch klar, aber hier vor Ort scheint mir das von den Soldaten im Einsatz manchmal ein bisschen viel verlangt.

Zurück zu meiner Einheit, die ihren Hauptmann Paul sichert. Der macht Fotos von dem verdächtigen Afghanen: »Guck mal nach da.«

Schröder sitzt auf einem kleinen Lehmhügel und beobachtet die Umgebung. Sein G36-Sturmgewehr liegt in seinem Schoß. An der Sohle seiner Stiefel kleben mindestens drei Zentimeter Matsch.

Hauptmann Paul steht mit seinem Sprachmittler bei dem Afghanen. Der wirkt schwer nervös. Paul macht weiter Fotos: »So, jetzt machen wir von weitem noch eins.«

Zu seinem Sprachmittler sagt er: »Ich weiß, das ist ja auch ein Talib. Der ist sicherlich unser IED-Bauer, oder?«

Auch der Sprachmittler hat Verdacht geschöpft: »Der zittert so heftig, der ist durcheinander. Der hat was zu verbergen.«

Paul: »Ja, schade, dass wir die Polizei nicht dabeihaben.« Die Deutschen haben keine Polizeigewalt. Das heißt auch, sie können keine Festnahmen vornehmen. So sind die Regeln.

Paul fragt den Afghanen: »Bist du jetzt ein Talib oder nicht? Sag es!«

»Nein. Ich bin kein Talib! Ich hab sogar gegen sie gearbeitet! Früher war ich Fahrer für den LSF-Kommandeur«, übersetzt der Sprachmittler.

Paul grummelt: »Jaja, und der Kommandeur war früher ein Taliban.«

Hauptmann Paul holt Fotos von bekannten Verdächtigen aus einer Seitentasche seiner Feldjacke, prüft die Fotos, vergleicht sie mit dem Mann, den er vor sich hat.

Der deutsch-russische Hauptmann hat mir auch mal erläutert: »Afghanen kann man nicht kaufen, nur mieten.« Loyalitäten wechseln schnell, insbesondere gegenüber Fremden, immer abhängig von der Bezahlung und am meisten davon, wem die Afghanen es zutrauen, den Sieg zu erringen. Und das bedeutet für die Afghanen hier vor Ort auch den Sieg mit Blick auf die Zukunft. ISAF und die Deutschen wollen 2014 abziehen, die Taliban wollen bleiben. Sie sind schon hier. Und ihre Führer warten in Pakistan ab, bis die westlichen Truppen abgezogen sind. Für die Afghanen in den Dörfern sind die Patrouillen der Bundeswehr nur eine Momentaufnahme. Hauptmann Paul kennt seinen Auftrag, weiß um seine Beschränkungen. Mit Sicherheit ist die Situation für alle frustrierend.

Paul spricht zu dem Afghanen, schaut ihn direkt an, spricht nicht zu seinem Sprachmittler: »Wenn ich deine Fotos der Polizei gezeigt habe und die sagen, dass du das bist, dass du die Minen gebaut hast – und ich weiß, dass hier jemand Minen baut –, dann nehme ich dich fest. Dann komme ich nachts mit einem Hubschrauber, und dann bist du fällig.«

Der Afghane ist sichtlich eingeschüchtert. Wahrscheinlich weiß er nicht, dass die Deutschen erst mal gar nichts gegen ihn unternehmen können. Aber die Einsatzregeln der Bundeswehr sind den Afghanen fremd. Sie sind von den Talibs, ihrer Polizei und der afghanischen Armee anderes gewohnt.

Hauptmann Paul hat seine Fotos gemacht, seine Drohung ausgesprochen. Nun müssen wir weiter. Niemand in unserem Zug will zu lange an einem Ort bleiben. Wir sind in einer Gegend, in der die Bundeswehr wenige Freunde hat.

So nah und doch so fern

Ein paar Tage später sind wir vom Safe House für einen Auftrag nicht zu Fuß, sondern im Dingo unterwegs. Der Ort der Operation ist recht weit entfernt und das Gebiet unsicher, also will man die Feuerkraft der Fahrzeuge im Rücken haben.

Wir steigen aus und marschieren wieder aufgereiht. Ich laufe hinter Schröder, schließe kurz auf und frage ihn nach den Aufständischen.

»Im Moment ist die Bedrohungslage so, dass immer noch IEDs vergraben werden, dass sich auch immer noch Insurgents *(Aufständische)* im Bereich befinden.«

»Ich habe doch nie welche gesehen, und wir sind noch nie direkt angegriffen worden«, wende ich ein.

»Stimmt. Wir erfahren von ihnen durch das Abhören von Handys oder Telefongesprächen. Es gibt sie. Aber sie sind halt nicht stark genug, um eine Patrouille anzugreifen. Deshalb legen sie IEDs.«

Kurze Pause nach einer halben Stunde Marsch. Wild isst Schokolade, Körner raucht eine Zigarette. Vor uns hat sich eine große Gruppe schwarzer Vögel auf einem Feld niedergelassen.

Schröder bekommt einen Funkspruch. Ich höre den Funk nicht, sehe nur, wie Schröders Miene sich verfinstert. Dann gibt er die Lageinformation an uns weiter: »Schwerer IED-Anschlag im Baghlan-Verantwortungsbereich der Task Force

Mazar-i Sharif. Vermutlich mehrere Verwundete und auch gefallene Kameraden. Das wird aber weiter geprüft. Habt ihr mich?«

Zur Task Force Mazar-i Sharif gehört auch ein Zug aus Munster. Man kennt sich. Alle sind jetzt angespannt, machen sich Sorgen. Schröder zu Wild: »Wollen wir mal hoffen, dass es keine von uns sind, ey. So eine Scheiße.« Alle rauchen nervös. Schröder nicht, er kaut auf seiner Lippe. Dreht am Ehering.

Nach ein paar langen Minuten rauscht erneut der Funk: »Hier Golf 2, ergänzende Lageinformation für Foxtrott: Betreff IED-Anschlag Raum Baghlan. 3 Tote, 2 Verwundete KAT Alpha *(Kategorie A – Schwerstverletzt)*. Diese werden vermutlich ausgeflogen in das PRT Kunduz. Dies hat eventuelle Konsequenzen für die Operationsführung wegen Verfügbarkeit Rett-Zentrum.«

Die Soldaten hören angespannt zu. Pause.

Dann: »Es betrifft keine ISAF-Soldaten, sondern ANCOP *(Spezialeinheit der afghanischen Polizei)*. Kommen.«

Die Soldaten wissen, dass ihre Reaktion – ein erlösendes Puuhh! – bei drei Toten nicht korrekt ist. Das sagen sie auch. Aber sie sind nun mal erleichtert, dass es nicht ihre Kameraden aus Munster getroffen hat.

Jetzt befiehlt Zugführer Andi Isensee über Funk: »Geordnet aufsitzen. 360 Grad Ende.«

Wie im Funkspruch vorausgesagt, kann die Operation wegen der Auslastung des Rettungszentrums in Kunduz nicht weiter fortgeführt werden.

Schröder: »Das war leider der Befehl. Abmarschbereitschaft herstellen!« Schröder und Wild stehen auf. Wild stöhnt laut und genervt. Allen ist klar: Wir werden ein sehr provisorisches Lager für die Nacht beziehen müssen. Der Zug darf sich nur so weit bewegen wie unbedingt nötig.

Eine Fahrt zum Safe House kommt nicht in Frage. Ohne die Möglichkeit medizinischer Versorgung dürfen die Soldaten sich nirgendwo hinbewegen.

Auf einem abgeernteten Acker sammeln sich die Fahrzeuge. Schröder weist Chill im Dingo den Platz auf dem Acker zu. Die Fahrzeuge bilden eine Wagenburg: ein Kreis auf dem Acker. Die anderen Fahrzeuge des Zuges rumpeln in ihre Positionen. Ein ungemütlicher Ort hier – und ungeschützt. Für heute Nacht unser provisorisches Lager.

Ein Marder-Schützenpanzer rollt dicht an Schröder vorbei, während er Chill die letzten Anweisungen gibt. Die Jungs holen ihr Gepäck aus dem Laderaum. Solche Situationen sind nicht beliebt, aber die Soldaten sind darauf vorbereitet. Jeder hat sein Day-Pack dabei – einen Rucksack, mit dem man 24 Stunden überleben kann. Die Feldbetten und die Plane sind eh immer im Kofferraum verstaut.

Wild weist mich kurz ein: »Wenn wir auf so einem Acker ankommen, da ist man in allererster Linie ausgeliefert. Der Feind braucht bloß ranzukommen, mit der RPG *(Rocket Propelled Grenade, russische Panzerfaust)* loszufeuern, und irgendeinen trifft es sowieso. Deshalb die Wagenburg und 360 Grad Sicherung aus den Fahrzeugen heraus.«

Ich hoffe ja nur, dass bei der Wache keiner einschläft.

Wild kommt zum praktischen Teil: »Wir müssen jetzt alles aufbauen, TARP, Schlafsäcke, Feldbetten, so dass man die Nacht halbwegs überleben kann.«

Die Männer bauen das Lager auf. Alle haben einen Hals, sind genervt und gereizt.

Schröder: »Gina! Pi-Schnur!« Gina/Wild: »Ist im Fahrzeug.«

Schröder: »Wo im Fahrzeug?« Gina: »Im Mittelfach.«

Schröder: »Hol sie her, Mann!«

Später erklärt mir Chill: »Man merkt jetzt schon: Wir sind im fünften Monat. Ich merke es an mir selber. Ich bin leicht reizbar. Ich fahr mal schneller hoch. Aber das ist auch bei Totti so, bei Gina so. Bei uns ist so langsam das Maß voll. Wir wollen eigentlich nur noch nach Hause.«

Nach ein paar Problemen und noch mehr Pöbeleien steht das Lager für die Nacht, kurz bevor die Sonne untergeht.

19:00 Uhr I 1 Grad

Schröder sitzt mit seinen Jungs unter der Plastikplane, die vom Dingo runter zum Boden gespannt ist. »Kurze Befehlsausgabe. Wir machen eine Patrouille vor Mitternacht …«

Die Männer tragen dicke Pullover unter ihrer Uniform. Alle haben Mützen auf dem Kopf.

»… im Zeitraum von 22:00 bis 24:00 Uhr wird das ganze Ding starten. Ich denk mal, maximal zwei Stunden.«

Bis dahin wird noch ein Pulver-Cappuccino auf dem Gaskocher gemacht. Als wir alle mit dem heißen Getränk und, außer Schröder, mit einer Zigarette in der Hand unter der Plane hocken, frage ich nach dem härtesten Moment im Einsatz.

Wild: »Fünf Monate … da nervt es nur noch. Man will nur noch nach Hause. Ist klar …«

Chill: »Also, ich hatte hier jetzt noch nicht den übelsten Tiefpunkt.«

Schröder: »Bei mir gab es den. Und zwar habe ich die Einladung zum Geburtstag von meiner Tochter gekriegt. Das war schwierig … ja.«

Um 23:30 Uhr machen sich die Männer von Fox 4 fertig für die Nachtpatrouille. Schröder setzt sich seine Mütze auf. Schnürt die Stiefel fest. Alle montieren die Nachsichtgeräte an ihre Helme. Dann verschwinden sie in der Finsternis.

Ehrungen zur Heiligen Nacht

PRT KUNDUZ – Feldlager der Bundeswehr,
24. Dezember 2011

Die Soldaten der 3. Kompanie stehen angetreten in Reih und Glied vor Hauptmann Schellenberger: »Guten Tag, 3. Kompanie!«

»Guten Tag, Herr Hauptmann!«, brüllt es aus 180 Kehlen.

Schellenberger: »Kompanie, rührt euch!«

Chill guckt ernst geradeaus. Lockert seine Haltung.

Schellenberger: »Es tritt zunächst vor der Stabsgefreite Chill.« Der Hauptmann ruft weitere Namen auf, dann: »Der Hauptgefreite Wild.«

Schröder und Körner stehen noch in Reih und Glied. Während Kompanie-Chef Schellenberger fortfährt: »Ich habe jetzt die Ehre, eine Auszeichnung des Präsidenten des Landtages Sachsen-Anhalt zu überreichen. Ich persönlich mache das sehr gerne, ich überreiche sehr gerne diese Medaille, weil das für mich in der Tat ein anfassbares Zeichen der Wertschätzung aus Deutschland für den Beitrag, den wir hier leisten, und für unsere Leute ist.«

Schellenberger überreicht die Medaillen an seine beiden Soldaten aus Sachsen-Anhalt, und ich erinnere mich an das, was Wild zum Thema Wertschätzung gesagt hat: »Da muss ich sagen: Die Bürger sollen wirklich mal darüber nachdenken, was der heutige Soldat macht. Ich weiß, woran ich glaube, ich weiß, was ich tue. Und darauf bin ich stolz.«

Schellenberger steht vor seiner angetretenen Kompanie. Seit 176 Tagen sind die Soldaten im Einsatz:

»Weihnachten 2011 in Afghanistan. Ich denke mal, dass sich in der Tat die große Masse von uns durchaus einen schöneren Ort vorstellen könnte, wo das Weihnachtsfest gefeiert werden könnte ...«

Schröder schaut ernst geradeaus. Auch die anderen Soldaten wirken starr und unberührt. Perfekt angetreten.

»... für mich selber kann ich sagen, es war uns allen bewusst, dass wir Weihnachten und Silvester hier sein würden. Man konnte sich auch gedanklich drauf einstellen. Allerdings habe ich heute Morgen schon die Gelegenheit genutzt, mit meiner Frau und meiner Tochter zu skypen. Und dann merkt man eben doch, was man vermisst.«

Am frühen Abend skypen auch Chill und Schröder im Internet-Café des Feldlagers mit ihren Familien.

Chill sitzt vor einem Computer, es tutet, dann ist die Verbindung da: Auf dem Bildschirm erscheinen seine Verlobte und ihre Mutter. Freudiges »Hallo!«. Chill strahlt: »Fröhliche Weihnachten! Habt ihr schön abgesahnt?«

Chills Verlobte: »Ja, wir hatten grad Bescherung. Guck mal, mein neuer Pullover!« Sie präsentiert ein schwarzweiß gestreiftes Teil. Man merkt dem Paar an, wie sehr sie sich freuen, miteinander zu sprechen.

Bei Schröder ist die Stimmung etwas gedrückter. Hier überwiegt das Vermissen. Seine kleine Tochter erscheint immer wieder im Bild, und man merkt dem jungen Vater an, wie sehr es ihn quält, das erste Weihnachten in ihrem Leben nicht bei ihr und seiner Frau zu sein.

In einem ruhigen Moment hatte er mir von seiner Tochter erzählt: »Als ich weggeflogen bin, war sie noch ein kleiner Wurm, der am liebsten auf dem Arm lag. Und jetzt kann sie schon krabbeln, kann sitzen und isst teilweise schon alleine mit dem Löffel. Ich weiß nicht, wie sie reagieren wird, wenn sie mich wiedersieht. Das ist so ein Grundangst-Gedanke, den ich habe, dass meine Tochter an mir vorbeiläuft und zum Falschen rennt. Hört sich blöd an, aber das sind so Gedanken.«

Im Hintergrund der Tannenbaum, davor Schröders Frau, immer wieder schaut Tochter Lotta in die Kamera. Das Gespräch ist liebevoll, aber nicht fröhlich. »Ich meld mich dann per SMS die nächsten Tage, ruf auf jeden Fall noch mal durch.« Schröders Tochter kommt ins Bild. »Tschüss Lottchen«.

Bei Chill sitzt nun auch der zukünftige Schwiegervater vor der Kamera. Die Schwiegermutter fragt, wie denn das Weihnachtsessen in Kunduz sei. Ob es einen guten Braten gäbe.

Chill: »Das Essen kommt erst noch. Ich glaub, es gibt Entenbrust.«

Darauf die Weihnachts-Weisheit der Schwiegermutter: »Hauptsache Fleeeeisch.«

Chill: »Richtig. Hauptsache Fleisch.«

Chills Schwiegervater interveniert.

»Muddi, jetzt lass doch die beiden mal sprechen.«

Chill und seine Verlobte tauschen noch ein paar Zärtlichkeiten aus.

Chill: »Macht's gut.«

Verlobte: »Ich lieb dich.«

Chill: »Ja, ich hab dich auch lieb, meine Süße.«

Später sitzen wir in einem Gemeinschaftsraum des Feldlagers Kunduz. Der Raum ist bieder-deutsch-weihnachtlich geschmückt. Christbaum, unter dem Baum verpackte Geschenke, Girlanden hängen, und rote Decken liegen auf den

Tischen. Die Soldaten sitzen, teils leicht genervt, teils gut gelaunt an Bierbänken. So mancher hat sicher keinen Bock auf diese Weihnachtsrituale in Afghanistan. »Ausfallen lassen. Wenn wir hier sind, muss man es auch nicht feiern. Bullshit«, sagt einer. Er hat ja Recht, es fällt schwer, hier Heiligabend-Kerzenschein-Gefühle zu entwickeln. Aber die Bundeswehr würde das liebste aller deutschen Feste auch in Afghanistan niemals ausfallen lassen.

Und so trägt Hauptmann Schellenberger den Soldaten denn zur Stillen Nacht auch aus der Bibel vor: *Es begab sich aber zu der Zeit, dass ein Gebot von dem Kaiser Augustus ausging, dass alle Welt geschätzt würde. Und diese Schätzung war die allererste und geschah zur Zeit, da Quirinius Statthalter in Syrien war.*

Ich schaue in die Runde der Soldaten, während der junge Hauptmann von der Geburt Jesu Christi berichtet. Manche sind gelangweilt, andere tun gelangweilt, und bei noch anderen merkt man, dass die Weihnachtsgeschichte für sie dazugehört. Der zwischen Irritation und Gefühligkeit wechselnde Blick auf ihren Gesichtern zeigt, dass sie die zwei Dinge nicht zusammenbringen: Weihnachten und Kunduz.

Und jedermann ging, dass er sich schätzen ließe, ein jeder in seine Stadt. Da machte sich auf auch Josef aus Galiläa, aus der Stadt Nazareth, in das jüdische Land zur Stadt Davids, die da heißt Bethlehem, weil er aus dem Hause und Geschlechte Davids war, damit er sich schätzen ließe mit Maria, seinem vertrauten Weibe; die war schwanger …

Zugführer Isensee blickt in Gedanken versunken auf den Boden. Später erzählt er mir: »Mein Schwiegervater ist

Pastor. Aber ganz ehrlich: Ich kann mit dem christlichen Kram nicht so viel anfangen. Weihnachten in Deutschland ist ja schön. Auch für die Kinder. Aber hier? Komm, was soll das?«

Nach der Geschichte geht es rüber zur Kantine. Auch hier alles festlich geschmückt. Baum, rote Decken, Kerzen auf den Tischen. Chill und Körner stehen in der Schlange zur Ausgabe des Festessens an. Ich stehe hinter ihnen und hundert weiteren Soldaten. Mein Tablett in der Hand, warte ich, hinter mir Schröder mit seinem Tablett. Es gibt Entenbrust mit Rotkohl und Knödeln. Ein ordentliches Weihnachtsessen, finde ich und habe Chills Schwiegermutter im Ohr: »Hauptsache Fleeeisch!« Das Küchenpersonal ist Santa-Claus-mäßig mit roten Mützen geschmückt und klatscht uns mit einem mehr oder weniger herzlichen »Frohe Weihnachten« das Essen auf die Teller. Wir setzen uns – wirklich nett, die geschmückten Tische –, und die Entenbrust mit Rotkohl schmeckt wunderbar. Das beste Essen seit Wochen. Und trotzdem scheinen die wenigsten es zu genießen. Die meisten essen schnell und gehen schnell wieder. »Passt scho«, sagen die Bayern. Zur Heiligen Nacht im Feldlager Kunduz würden sie sagen: »Passt net.«

Neujahrskater

Am nächsten Morgen fahren wir wieder ins Polizeihauptquartier Chahar Darreh. Der Foxtrott-Zug hat den Auftrag, eine Woche lang das Polizeihauptquartier zu halten. Dort präsent zu sein und den Wachturm zu besetzen. Verglichen mit den vergangenen Wochen ein entspannter Auftrag. Ich betone noch mal: Die Maßstäbe verschieben sich. Nach fünfeinhalb Monaten ist das Feldlager für die Soldaten purer Luxus, das PHQ völlig in Ordnung, selbst die Höhe 432 war irgendwann okay. Safe House nicht so gut. Richtig mies wird es aus Sicht der Soldaten erst, wenn man neben dem Dingo unter der Plane pennt und noch nicht mal ein Dixi hat. Maßstäbe verschieben sich.

Polizeihauptquartier Chahar Darreh, 31. Dezember 2011
In dem Raum, wo die Mannschaftsdienstgrade und ich untergebracht sind, sitzen Chill und Körner vor einem Laptop. Von meiner Gruppe schlafen alle außer Schröder *(Juwe, Oberfeldwebel, also Unteroffizier)* hier drin.

Ich schaue ihnen kurz über die Schulter und sehe einen Schwarz-weiß-Film, den ich kenne. Ich höre: »Same procedure as every year, James!« Die beiden halten bewährte Traditionen in Kunduz aufrecht und gucken »Dinner for One«. Ich gucke mit. Wir lachen an den altgewohnten Stellen, dankbar über jedes Stolpern des zunehmend besoffenen James.

»Totti« beim Abspann: »Jedes Mal wieder genial, oder?«

Chill: »Ein Stückchen Deutschland zu Silvester, da gehört ›same procedure‹ einfach dazu.«

Es ist fast 00:00 Uhr. Die Soldaten sammeln sich im Hof. Zwei Sanitäterinnen stehen da mit Wunderkerzen in der Hand.

Schröder: »Wunderkerzen sind schwul.« Und gleich noch mal Schröder: »Weihnachten, Silvester für den Arsch!« Keiner widerspricht. Der Mann hat ja Recht.

00:00 Uhr. Absolute Ruhe. Komplette Stille. Keine Rakete, kein Böller. Nur »schwule« Wunderkerzen. Die Afghanen feiern unser Neujahr nicht. Das leiseste Silvester, das ich je erlebt habe.

Die Soldaten stoßen mit einem halben Glas Sekt an: »Frohes Neues.«

Chill sagt: »Für mich war schon Anfang des Jahres klar, im Grunde sind Weihnachten und Silvester gestrichen. Das ist ein ganz normaler Arbeitstag, dann ist mal fünf Minuten Silvester, wo wir anstoßen. Und dann geht es ganz normal weiter.«

Am Neujahrsmorgen fährt der Foxtrott-Zug wieder in Richtung Nawabad. Alle in unserem Dingo haben Neujahrskater, ohne getrunken zu haben. 1. Januar 2012 in Afghanistan. Wetter trist, Stimmung mäßig. Wir werden ein neues Safe House bei Nawabad besetzen, diesmal viel näher an der Ortschaft. Auftrag des Zuges ist es, den Bau eines Vorpostens zu überwachen. Dort sollen Einheiten der afghanischen Polizei stationiert werden.

Etwa zwei Kilometer vor dem Safe House machen wir einen Stopp. An der Kreuzung, vor der wir jetzt stehen, wurde letzte Woche eine Sprengfalle gefunden. Die Stelle soll überprüft werden. Die EODs steigen aus ihren Fahrzeugen und tasten den Boden der Kreuzung mit ihren Sonden ab. Wir laufen links und rechts von ihnen. Die Soldaten suchen nach Kabeln im Boden oder nach anderen Anzeichen für eine IED. Wir erreichen das Safe House ohne Fund.

Immerhin leben wir in diesem Safe House in Zelten und nicht unter Planen neben den Fahrzeugen. In dem Bereich gibt es – angenehme Überraschung – vier Dixi-Klos. Der Tagesablauf ist eintönig. Bei Helligkeit kurze Patrouillen zur Baustelle des Vorpostens, in der Nacht muss jeder Soldat über die Nachtsichtoptik der Fahrzeuge drei Stunden lang die Umgebung überwachen. In der Restzeit gucken wir DVDs auf den Laptops im Zelt. Drei Fahrzeuge wurden an der IED-Kreuzung zur Wache zurückgelassen. Die Mannschaft dort hat es schlechter getroffen. Die Soldaten müssen bei Regen, Wind und Kälte draußen pennen.

Die afghanischen Polizisten, die den Vorposten nach Fertigstellung beziehen sollen, leben mit uns im Safe House. Für mich verblüffend: Sie kochen jeden Abend frisch. Meistens kaufen sie sich ein lebendes Huhn von den Dorfbewohnern, schlachten es und kochen es dann mit allem Drum und Dran: Zwiebeln, Knoblauch, Paprikapulver und Tomaten. Da ich allmählich Brechreiz bekomme, wenn ich an das EPa denke, drücke ich einem der Polizisten fünf Dollar in die Hand und lasse ihn ein Huhn mehr kaufen. So kommen »meine« Jungs und ich in den Genuss eines frischen, heißen und afghanischen Abendessens. Das Huhn schmeckt herrlich, mit Fladenbrot sauge ich den letzten Tropfen Fett vom Teller. Während des Essens spielt einer der Polizisten auf der afghanischen Version einer Gitarre. Ein paar von ihnen singen mit. Sie singen traurige Lieder vom Krieg, von Frauen, die zu Hause bleiben, und Männern, die nicht zurückkehren. So übersetzt es mir der Sprachmittler. So nah wie an diesem Abend waren wir den afghanischen Sicherheitspartnern noch nie. Beinahe vertraut fühlt sich das an. Ein Polizist zeigt mir seine Narben unter der Uniform. Viele Schnitte und kleine Löcher übersäen seinen Oberkörper. Dann zeigt er mir Fotos auf seinem Handy von dem Fahrzeug, in dem er saß, als die IED explodierte. Er hasst die Taliban aus rein persönlichen Gründen. Ob die Deutschen hier etwas bewirken können? Er weicht aus. Die Deutschen seien in Ordnung, aber die Amerikaner, die will er nicht sehen in seinem Land.

Ich frage den Chef der Polizeigruppe nach seiner Meinung zur Regierung in Kabul. Er antwortet mit einer alten Anekdote aus der Zeit, in der Afghanistan noch einen König hatte. Der König schickte einen Lastwagen voller Schnee von Kabul nach Kunduz. Doch in Kunduz kam nach langer Reise nur noch eine Pfütze Wasser an. So sei es mit allen Dingen, die aus Kabul kommen.

Kabul ist weit, weit weg, will die Anekdote sagen.

Als es draußen dunkel wird, zünden die Bundeswehrsoldaten mit Diesel den Weihnachtsbaum des Safe House an.

2012. Auch für die Bundeswehrsoldaten in Afghanistan beginnt ein neues Jahr. Der Baum brennt lodernd, die Soldaten und die afghanischen Polizisten stehen aufgereiht davor. Die Gesichter von Chill und Totti Körner leuchten rot im Feuerschein.

Später am Abend sitzen wir im Zelt auf unseren Feldbetten. Ich frage Chill, was er nach sechs Monaten Einsatz über Afghanistan und den Auftrag hier denkt.

»Ich kann nicht viel Gutes über Afghanistan sagen. Wenn ich Afghanistan beschreibe, ist das einfach nur ein Drecksloch. Wo man nicht viel helfen kann ... Wenn wir 2014, 2015 wirklich abziehen, dann geht das hier wieder den Bach runter. Die sind so wechselhaft, hier ist so viel Korruption. Sobald wir weg sind und die nicht mehr anführen, greift der Taliban wieder nach der Macht.«

Noch 18 Tage

Patrouille
13:00 Uhr
Wetter: 1 Grad , Schneeregen.
Auftrag Foxtrott 4: Sichern des IED-Suchtrupps,
Hpt. Paul bei Gesprächsaufklärung

Hauptmann Paul zeigt einem alten Afghanen und einem Jungen Fotos mit Verdächtigen. Fragt, ob sie jemanden erkennen. Der Alte schweigt. Der Junge schaut sich interessiert die Fotos an. Paul wendet sich dem Jungen zu: »Wer ist das? Das ist Balawan, nicht? Und wer ist das?« Der Sprachmittler übersetzt, was der Junge antwortet: »Der ist übergelaufen.«

Chill und Wild stehen im Matsch herum. Drei Jungs – um die zehn Jahre – drücken sich in Hauseingängen und gucken hinüber zu den beiden. Es schneit. Wild pöbelt: »Chill. Ich wünsche mir die 40 Grad zurück!

Dann sagt Wild zu mir: »Ich hab genug von den Menschen gesehen. Hab genug Menschen ›Guten Tag‹ gesagt. Genug Menschen die Hand gegeben. Hab vielen Kindern was zu spielen gegeben, oder Kekse, oder was zu trinken. Ich denke, es reicht langsam. Wird langsam Zeit, nach Hause zu fliegen.«

Wild und Chill stehen immer noch im Matsch. Wild schimpft immer noch: »Das sind so Sachen, die ich meine.

Wir sind vorhin 2,1 Kilometer gelaufen. Warst natürlich durchgeschwitzt. Und jetzt stehen wir hier rum. Das ist das, was ich meine. Das ist das, worüber L92 *(also seine Einheit: das Panzergrenadierlehr-Bataillon 92 aus Munster)* nicht nachdenkt.« Seine Stiefel sind jetzt knöcheltief im Matsch versunken.

Er ruft den kleinen Jungen zu: »Hier! Kaffee! Was Warmes! Kaffee!« Einer der Jungs antwortet auf Paschtu. Chill: »Er hat Idiot zu dir gesagt.«

Wild wiederholt seinen Wunsch: »Habt ihr Kaffee?« Die Jungen schauen sich ratlos an. Ich rate den beiden, es mal mit »Chai« zu versuchen. In meinem Dari-Wörterbuch steht das für Tee. »Chai?«, ruft Chill jetzt laut.

Und alle drei Jungs rennen los, rennen um eine Ecke in den Compound, kommen Minuten später zurück und haben – wir fassen es nicht – eine geradezu Tchibo-Design-mäßig aussehende Thermoskanne dabei und ein paar Becher. Heißer Tee! Wunderbar. Die Kinder schenken den Soldaten ein, der Tee dampft in den Bechern.

Wild holt aus Chills Rucksack eine Packung mit Keksen, isst selbst und bietet auch den Jungs davon an. Jeder von ihnen nimmt einen, wirklich nur einen – und neigt mit einer Dankesgeste den Kopf: »Ta sha-kurr« und: »Thank you.« Unzivilisiert? Soviel Höflichkeit bringt in unseren Breitengraden nicht mal jedes Großstadtkind auf, geschweige denn jedes Landei.

An der nächsten Kreuzung steht Schellenberger am Funk: »Aufgeklärt Zündvorrichtung. Weiter aufklären«, die EODs suchen im Schnee immer noch nach IEDs. Soldaten suchen die Straße ab. Es schneit jetzt stärker, die Schneedecke wird höher.

Sogar mit einem Bagger mühen sich die Soldaten, Schnee, Steine und halbgefrorenen Schlamm der Straße aufzugraben. Dann stellt der Bagger die Arbeit ein und dreht um Richtung Safe House.

Nach vier Stunden in der Sicherung
Schröder und seine Soldaten ziehen ab. Schröders aktuelle Einstellung zum Einsatz: »Im Moment würde ich sagen, dass ich es wieder machen würde. Am liebsten dann aber für vier Monate und nicht mehr für sechs Monate, die ziehen sich doch sehr ...«

Durch den Schnee marschiert er mit seinen Soldaten zurück. »... aber ich weiß nicht, wie meine Einstellung ist, wenn ich wieder zu Hause bin. Inwiefern ich mich verändert habe beziehungsweise meine Frau sich vielleicht verändert hat oder meine Familie.«

Als wir zum PHQ kommen, ist der Turm dort eingeschneit. Drinnen ist es feucht und lauwarm. Körner und Schröder hängen ihre nasse Wäsche auf. Später machen wir, eher halbherzig, eine Schneeballschlacht.

Goldene Fahrt

Letzte Fahrt ins Feldlager Kunduz
Schröder mit Fox 4: »Letzter Tag, bei der Sache sein, keine Scheiße bauen, mit voller Fahrt durch Pfützen fahren oder auf einem anderen Platz sitzen. Das entfällt alles komplett.« Foxtrott 4 fährt aus dem PHQ Richtung Feldlager Kunduz. Unsere Begleitmusik zur finalen, zur »goldenen« Fahrt: »Goldener Reiter.« Die Stimmung im Dingo: gelöst, was sonst.

Als wir durch Kunduz fahren, frage ich Totti Körner, was er zu Hause erzählen wird von seiner Zeit hier: »Auf jeden Fall, dass der Einsatz eine positive Erfahrung war. Dass es sehr heiß war und natürlich auch sehr kalt im Winter. Es war sehr anstrengend, und man hat viel gesehen.«

»Foxtrott 4, PRT in«, ruft Juwe Schröder, als wir durchs Tor einfahren. Zur Feier gibt es für jeden der Soldaten von Foxtrott 4 eine Zigarre. Chill hat für die Jungs beim Marketender eingekauft. Selbst Nichtraucher Juwe nimmt eine.

Chill zündet seine Zigarre als Erster an, dann geht es reihum. Schließlich wird Foxtrott 4 samt Waffen von Soldaten entladen, die eine Zigarre im Mund klemmen haben. Und, nachdem Spieß Icks die Gläser verteilt hat, ein Glas Sekt in der Hand. Im Hintergrund hängt an den Hesco-Körben ein Plakat: »Schon gelacht??? Es ist doch fast geschafft!«

Daniel »Gina« Wild, zehn Tage vor der Heimreise – Interview

◖ Du hast den Einsatz fast hinter dir, wie fühlt sich das für dich an?

Ich bin genauso aufgeregt wie an dem Tag, an dem wir hier ankamen. Spannung pur. Man will endlich nach Hause. Als wir hierher geflogen sind, dachte ich, jetzt geht es endlich los. Voll geil, ich war total aufgeregt. Und jetzt ist es das Gleiche, nur anders herum. Endlich heim!

◖ Wenn du zurückblickst: Was hat sich in den 189 Tagen zwischen deiner Ankunft in Kunduz und heute für dich verändert?

Am Anfang haben wir noch auf jeden beschissenen Stein am Straßenrand geguckt, ob da irgendetwas liegt. Das haben sie uns im Gefechtsübungszentrum eingetrichtert: dass die Gefahr da unten so groß ist, dass wir mehr als zwei Augen offen halten müssen. Wir waren hier anfangs ständig unter Hochspannung, haben auf jedes Fahrzeug, jeden Mann, jedes Kind geschaut, das näher kam als vierzig Meter. Aber nach und nach haben wir die Menschen doch ein bisschen kennengelernt, wenn wir durch die Dörfer sind. Dadurch hat sich alles ein bisschen gelockert. Man hat den Menschen die Hand gegeben, man hat versucht, über den Sprachmittler etwas über sie zu erfahren: wie es der Familie geht oder den Kindern oder der Ernte.

◖ Wie war es bei dir mit dem »Kulturschock« in Afghanistan?
Wenn man Kunduz sieht, denkt man, okay, das ist eine Stadt. Mit Kreuzung, Verkehr, Fußgängern, Fahrradfahrern, allem Möglichen. Sobald man rausfährt, sieht man nur noch Gebäude aus Lehm, in denen Familien, zum Teil fünfzehn Leute, in einem Compound hausen. Wo ein Mann, der vierzig Jahre alt ist, den ganzen Tag nur auf dem Feld ackert und mit dem Vieh draußen rumrennt. Da ist man baff. Wie können die nur so leben? Kein fließendes Wasser, und es hat auch nicht jeder Strom. Die Wege sind voll mit Exkrementen von dem Vieh. In der ersten Zeit fand ich das widerlich, aber man gewöhnt sich daran.

◖ Auch an das Übernachten auf einem Acker?
Kommt darauf an, wie kalt es wird und wie nass. Wenn wir außerhalb eines Vorpostens auf dem Acker ankommen, sind wir erst mal ausgeliefert. Der Feind braucht nur ranzukommen mit einer Panzerfaust – und irgendjemanden trifft es sowieso.

◖ Welchen Rat würdest du einem Kameraden geben, der zum ersten Mal draußen nächtigen muss?
Fahr auf den Acker, mach dich da breit für die nächsten 48 Stunden, und dann wirst du schon sehen, wie das ist.

◖ Wie bist du mit der latenten Bedrohung zurechtgekommen?
Ich bin eher der ruhige Typ. Falls irgendwo was ist, ein Schuss oder es knallt, bleib ich trotzdem cool. Ich warte ab, was Sache ist. Wenn man über Funk hört, da und dort war ein Anschlag, dann kann man es auch nicht ändern. Selbst wenn bei uns jetzt was passieren würde – das Einzige, was ich tun würde, ist handeln.

◖ Was hat dich in den sechs Monaten am meisten belastet?
Die Zeiten, wo wir viel draußen unterwegs waren. Das ist anstrengend für den Körper, aber wenn man Ehrgeiz hat, will man es auch durchziehen. Sobald man den nicht mehr hat, ist man verloren. Ich bin mit Juwe und Totti schon so viel gelaufen, wenn ich da nicht den Ansporn gehabt hätte von meinen Kameraden und von mir selbst, dann hätte ich das niemals gepackt. Vor allem nicht bei Temperaturen von 40 oder 50 Grad, wo du sechs, sieben Liter mitnimmst und alle hundert Meter ist eine Pulle Wasser alle. Da braucht man schon ein bisschen Willenskraft, um das durchzuziehen.

◖ Wie war die »goldene letzte Fahrt«?
Die war mir scheißegal, das war ne Fahrt wie jede andere. Alle hatten gute Laune, aber so lange, wie ich nicht im PRT war, konnte ich nicht abschalten. Solange man draußen ist, kann noch viel passieren. Es war einfach cool, als wir drin waren und der Spieß auf dem Ehrenhain Sekt verteilt hat. Da wusste ich: Das war's, du fährst nicht mehr raus. Ein guter Moment.

◖ Dein Gesamturteil über die sechs Monate?
Ich bin total überrascht. Ich dachte, es wäre schwerer. Am Anfang hab ich mich damit wahnsinnig gemacht, ob ich das Ganze aushalte. Als wir dann öfter draußen waren, Patrouille und so, hat man sich daran gewöhnt. Ich bin zufrieden. Ich hab mir nichts getan, bin kerngesund. Es ist gut verlaufen.

Abschied

Die letzten Tage im Feldlager ziehen sich hin. Stuben ausräumen und putzen. Waffen-Rückgabe und Überprüfung der Vollständigkeit. Die Stiefel müssen desinfiziert, Gepäck gepackt werden. Die Soldaten haben außerdem den Auftrag bekommen, alles zu verbrennen oder unkenntlich zu machen, auf dem eine Adresse oder Telefonnummer von Zuhause steht, also alles, wodurch ihre Kontaktdaten in der Heimat kenntlich werden.

Als dann alle Vorbereitungen zur Rückreise abgeschlossen sind, warten die Soldaten eigentlich nur noch auf das Rückflugdatum. Das Wetter ist schlecht, es wurden schon zwei Maschinen aus Termez wieder abgesagt. Immer wieder werden Flüge verschoben – das Datum, aber auch der Rückflug-Ort wird immer wieder gewechselt. Die Soldaten würden natürlich gern nach Hannover fliegen, das ist näher bei Munster. Am Ende wird es Köln-Wahn. Dann, nach ein paar weiteren Tagen des sinnlosen Wartens, bekommen wir endlich den Rückflug-Termin. Ich spreche noch mal mit Matthias »Asterix« Chill über seine Erfahrungen im Einsatz.

◖ Mit welchem Gefühl fährst du heim?

Es gab viel Lustiges. Und so was wie hier hast du so schnell nicht mehr im Leben, dass du mit bestimmten Menschen so zusammenwächst. Mit Totti, das kannst du gefühlstechnisch vergleichen mit bester Kumpel, bester Freund. Das ist Kame-

radschaft, dieses Zusammenwachsen. Die Zeit hier hat uns richtig zusammengeschweißt. Das sind die guten Sachen.

◖ Was habt ihr erreicht?
Die Höhe 432 haben wir übergeben, nach Isa Khel kannst du inzwischen reinlatschen. In Nawabad haben wir einen COP errichtet und ansonsten überall einen Haufen Präsenz gezeigt, 'ne Menge Eier (Anmerkung: Er meint IEDs) weggeräumt. Und wir haben auch ziemlich Schwein gehabt, dass nicht mehr passiert ist.

◖ Wie, meinst du, wird sich Afghanistan weiter entwickeln?
Ich weiß nicht, wie es hier weitergeht, und im Grunde ist es mir auch egal. Auch was hier aus den Menschen wird. Ich hab da überhaupt kein Mitgefühl. Die leben so, die sind zufrieden damit, dann sollen sie so leben. Das ist es, was es so schwer macht. Die haben ihre Traditionen, nach denen leben sie, und dann kommt der Westen und drückt denen Zivilisation und Demokratie auf. Packen denen da was auf den Tisch, mit dem die gar nichts anfangen können. Was die vielleicht auch gar nicht annehmen wollen.

18. 01. 2012, 5:00 Uhr
Die Heimreise hat begonnen. Körner sitzt am Flughafen Kunduz. In seiner Rechten hält er den Boarding Pass mit der Aufschrift »KUNDUZ Airfield – ISAF 64 – Dash 7«. Das Ticket nach Hause. Er grinst – breit und selig. »Das war's dann für mich. Nach diesem Einsatz hab ich nur noch acht Monate Dienstzeit, da ergibt sich gar kein Einsatz mehr. Und verlängern möchte ich nicht. Ich werde mir eine Arbeit im zivilen Leben suchen.«

Aufruf der Transall. Mit ihren schweren Stiefeln stapfen die Soldaten die Klappe zum Laderaum hoch.

Chill sitzt neben Körner im Flugzeug. Er schaut aus dem Fenster auf das Land, das er nun verlässt. »Ich bin hier mit vier Kerlen unheimlich zusammengewachsen. Ich hab gesehen, wie manche Orte auf der Welt sind und wie gut ich es habe. Ich will den Einsatz nicht missen, aber ich werde ihn auch nicht vermissen.«

Auf meine Frage, welche Eindrücke für Schröder am stärksten waren, antwortet er: »Wir haben eine Patrouille zu Fuß durchgeführt. Bei ungefähr 10 Grad, es war nass und schlammig. Wir trugen unsere Merinounterwäsche, Fleecejacken, Stiefel und alles. Waren schön eingepackt und haben uns nach zwei Stunden trotzdem den Arsch abgefroren. Und am Straßenrand steht ein Kind im Schlafanzug und barfuß. Das werde ich nie vergessen.

Man kann jetzt sagen, diese Kinder sind so aufgewachsen, aber das heißt noch lange nicht, dass die nicht frieren und das einfach so abkönnen.«

Was ist Jan-Uwe Schröders Fazit nach dem Einsatz?

»Ob dieser Krieg verloren ist oder nicht, werden wir erst wissen, wenn wir aus diesem Land wieder raus sind. Wenn die Taliban danach wieder an der Macht sind, haben wir den Krieg vom Prinzip her verloren. Wenn sich Afghanistan aber ein wenig stabilisiert, dann haben wir vielleicht auch den Krieg gewonnen. So sehe ich das.

Es ist ja viel gesagt worden über das Zusammenwirken mit der ANP und ANA, dass sie unzuverlässig sind. Jetzt habe ich selbst mit denen zusammengearbeitet und fast immer Glück gehabt. Besonders die ANP hat einen guten Job gemacht. Die ANA war mal unmotiviert, aber wer ist das nicht mal. Wir haben mit denen zwei große Operationen gefahren – ohne Zwischenfälle. Das hat Sinn gemacht. Jetzt kommen wir nach Hause: Heldengeschichten habe ich keine zu erzählen. Das ist ein Glück so. Es ist nichts passiert.«

18. 01. 2012, 19:10 Uhr, Nieselregen, Flughafen Köln-Wahn, Militär-Terminal
Es ist eine sanfte Landung. Der Auslandseinsatz ist beendet, die Soldaten sind heil wieder zu Hause. Am nächsten Tag ist in den Medien über Afghanistan keine Zeile zu lesen.

Alles, was wir sehen, ist eine Perspektive, keine Tatsache

Ich habe während meiner Zeit mit den Panzergrenadieren von Foxtrott 4 nur einen Ausschnitt des Einsatzes in Afghanistan gesehen. Nur eine Perspektive. Die einer kleinen Gruppe von deutschen Soldaten. Mir ist völlig klar, wie eingeschränkt diese Sichtweise ist.

Eine Meinung habe ich mir dennoch bilden können – meine Meinung. Sie hat mit Sicherheit keine Allgemeingültigkeit, und die soll sie auch gar nicht haben. Das maße ich mir nicht an. Ein paar Fragen, die ich mir zum Ende des Einsatzes gestellt habe, und meine Antworten darauf möchte ich trotzdem teilen.

◖ Machen die Soldaten dort einen guten Job?
Ich denke schon. Unter miesen Bedingungen erfüllen die Soldaten in Afghanistan ihre Aufträge. Meist ohne groß zu murren, ohne über die Bedingungen zu klagen, selbst wenn sie – zum Beispiel bei der befohlenen Zusammenarbeit mit den lokalen Sicherheitskräften – großes Misstrauen hegen.

◖ Machen die Aufträge Sinn?
Zumindest dann, wenn man als ihre Grundlage das Konzept der Aufstandsbekämpfung (Counterinsurgency) von General Petraeus stichhaltig findet. Für mich ist es – wenn man diesen Kampf führen will – die nachvollziehbarste Strategie für Afghanistan. Offensichtlich sehen die deutschen Generäle das auch

so, oder sie müssen es so sehen. Innerhalb dieser Strategie erfüllt die Bundeswehr ihren Auftrag in Kunduz vorbildlich. Operationen werden grundsätzlich mit ANA (Afghanische Armee) oder mit der ANP (Afghanische National-Polizei) durchgeführt, und die Bevölkerung wird regelmäßig über Schuren (Ratssitzungen) eingebunden. Ob das langfristig reicht, um ein Fundament zu legen, das auch nach dem Abzug der internationalen Truppen hält – niemand kann das wissen. Ich selbst bezweifle es.

Ich glaube an das Denkmuster, das, meiner Erinnerung nach, Henry Kissinger mit Blick auf jegliche Art von staatlichem Engagement einmal aufgestellt hat.

Erste Frage: Was willst du erreichen?

Zweite Frage: Welchen Preis bist du bereit, dafür zu bezahlen?

Dritte Frage: Kannst du das Ziel mit dem Preis, den du bereit bist zu zahlen, erreichen?

Viertens: Wenn nicht, passe dein Ziel dem Preis an, den du bereit bist zu zahlen.

Aus meiner Sicht lässt sich aus diesem Denkmuster sehr viel für Afghanistan ableiten. Es reicht nicht, ein hehres Ziel zu formulieren – für Afghanistan war das Ziel eine Demokratie mit einem westlichen Verständnis von Menschenrechten (insbesondere der Rechte der Frauen). Das Ziel muss vielmehr realistisch und, viel wichtiger noch, mit dem Kräfteeinsatz, den man geplant hat, auch erreichbar sein.

Hier haben die am Afghanistan-Einsatz beteiligten Bundesregierungen schwere Fehler gemacht. Die militärischen Mittel waren faktisch lange Zeit unzureichend, um die zugewiesenen Gebiete in Nord-Afghanistan und insbesondere die Region Kunduz zu befrieden. Bis heute sind die Mittel –

und nicht nur die militärischen – zu gering, um das zu Anfang benannte Ziel, namentlich Demokratie, in Afghanistan zu erreichen.

Zum Ende des Einsatzes stelle ich mir deshalb (auch als Zivilist) nun Kissingers dritte Frage: »Kannst du das Ziel mit dem Preis, den du bereit bist zu zahlen, erreichen?« Meine Antwort: »Nein. Auf keinen Fall« – und ich verweise auf Punkt vier: »Wenn nicht, passe dein Ziel dem Preis an, den du bereit bist zu zahlen.« Ziel ist nun, die afghanischen Sicherheitskräfte, also ANP, ANA und auch LSF, soweit zu stärken, dass sie die Taliban – im Sinne der Regierung in Kabul – auch nach 2014 in Schach halten können. Wie schon erwähnt – meine Ansicht –, ich halte das vor dem Hintergrund der sehr an lokalen Kräfteverhältnissen orientierten Bevölkerung in Afghanistan für äußerst schwierig.

Der Journalist Julian Reichelt gibt für die Denkweise einfacher Afghanen in seinem Buch »Ruhet in Frieden, Soldaten« ein Beispiel, wie es klarer nicht sein könnte.

Eine der eindrucksvollsten Stellen in seinem Buch lautet:

In den Feldern hockten Bauern, sie beobachteten uns misstrauisch. Ihre Gesichter waren wie aus Stein. Der Leutnant der US-Marines sprach einen Bauern an.

»Haben Sie gewählt?«, fragte er. Der Dolmetscher übersetzte. Der Bauer schüttelte den Kopf …

»Er weiß nicht, was Sie meinen, Sir«, sagte der Dolmetscher.

»Okay, fragen Sie ihn, ob er lesen oder schreiben kann«, sagte der Leutnant.

Wieder schüttelte der Bauer den Kopf. Der Leutnant zog einen Stift hervor und hielt ihn hoch.

»Fragen Sie ihn, ob er weiß, was das ist«, sagte der Leutnant zu seinem Dolmetscher.

»Nein«, sagte der Mann, der in seinem Opiumfeld hockte.

Die meisten Afghanen können weder lesen noch schreiben. Viele von ihnen haben noch nie einen Stift in der Hand gehalten. Sie wissen nichts anzufangen mit dem Konzept einer Wahl. Sie sollen auf einem Zettel, den sie nicht verstehen, einen Namen ankreuzen, von dem sie noch nie gehört haben. Der Zettel soll nach Kabul geschickt werden, in eine Stadt, die in ihrem Leben noch nie von Bedeutung war. Dort sollen die Zettel gezählt werden, aber die meisten Afghanen können nicht rechnen. Wer die meisten Zettel hat, gewinnt, aber die Mehrheit der Afghanen kann sich nicht vorstellen, wie ein Mann mit Zetteln von Kabul aus ihr Dorf regieren soll. Und wählen sollen sie mit einem Instrument, das sie noch nie in der Hand gehalten haben.

Ich habe ähnliche Situationen erlebt, könnte es aber nicht besser beschreiben als Reichelt in seinem Buch. Erst wer vor Ort in Afghanistan ist, begreift, wie sehr sich die Denkweise der einfachen Afghanen von unserer Denkweise unterscheidet. Man kann das intellektuell erfassen und auch versuchen nachzuvollziehen, wirklich begreifen tut man es als Bürger der Bundesrepublik Deutschland beziehungsweise eines westlichen Landes wohl nie.

Was mich zur nächsten Frage führt, die ich mir immer wieder gestellt habe: Nützt der Einsatz dem Land Afghanistan?

In Teilen sicherlich. Auch hier gilt: Ich habe nur den Norden gesehen. Die Region Kunduz und ein wenig von der Region rund um Mazar-i Sharif. Das ist sehr wenig und erlaubt keine umfassende Bewertung. Aber in diesen Regionen findet seit kurzer Zeit tatsächlich ein Aufbau statt. Jetzt, wo es die Sicherheitslage zulässt. In Kunduz steht dieser Aufbau – nach immerhin zehn Jahren ISAF in Afghanistan – noch ganz am Anfang. Und was dazu kommt: Ich habe Schulgebäude gesehen, die mit reichlich Pomp, vielen Mitteln und großem Prestige eingeweiht wurden. Und nach fünf Monaten waren die Klassenräume noch immer leer, die Bücherkisten verstaubt und noch nicht mal ausgepackt, und nur ein einziger Raum des neuen Gebäudes wurde genutzt – als Koranschule. Es liegt letztlich immer auch an den Afghanen, die Möglichkeiten zu nutzen.

Wie schon gesagt geht es der internationalen Gemeinschaft aktuell weniger um den Aufbau einer Demokratie, sondern um die Aufrechterhaltung des Status quo. Was bedeutet, die Sicherheitskräfte der Regierung in Kabul aufzubauen. Wie sieht es damit aus?

Die Polizei und die Armee werden durch Ausrüstung gestärkt und durch gemeinsame Operationen mit internationalen Einheiten ausgebildet. Wenn auch nur so lange, wie die deutschen und internationalen Truppen dort vor Ort sind. Wenn sie gehen, greift – so glaube ich – der Satz von Hauptmann Paul: »Afghanen kann man nicht kaufen, man kann sie nur mieten.« Sobald die Taliban wieder Miete zahlen, wie gering die auch sein mag, werden viele Afghanen, insbesondere die lokalen Sicherheitskräfte, vielleicht auch Teile der ANP, wieder bei den Taliban ihren Dienst tun. Die ANA dagegen habe ich in Kunduz als recht unbestechlich und diszipliniert erlebt.

War das ganze Afghanistan-Engagement der ISAF vergebens?

2004 bis 2009 wurden 24155 tote afghanische Zivilisten in den Statistiken vermerkt *(Quelle: Wikileaks).* Allein 2010 wurden in diesem Krieg 2777 afghanische Zivilisten getötet *(Quelle: UN und Afghanische Menschenrechtskommission*),

2011 hat die UNAMA 3021 zivile Opfer gezählt *(UNAMA – Unterstützungsmission der Vereinten Nationen in Afghanistan)*. Seit 2004 sind, wenn man diese Zahlen zusammenzählt, also 29 953 Zivilisten getötet worden. Da erscheint es fast zynisch, von einem Nutzen für Afghanistan zu sprechen. Allerdings darf man nicht vergessen, dass die Ansprüche für eine Verbesserung ihrer Lage in der afghanischen Bevölkerung nicht hoch sind. Afghanistan befindet sich seit spätestens 1978 in einem permanenten Kriegs- oder Konfliktzustand. Mit Besatzung (1978 bis 1989), Bürgerkrieg (1989 bis 2001) und blutigst ausgetragenen Konflikten rivalisierender Warlords. Insoweit sind die vielen Toten eine Mahnung und eine Tragödie – und auch immer ein Totschlagargument, um für ein Scheitern der Mission zu argumentieren –, aber nicht einzige Grundlage, um den Nutzen des internationalen Engagements in Afghanistan zu bewerten. Das wäre zu simpel. Ebenso wie das Engagement jetzt schon zu bewerten. Entscheidend ist die Frage, ob der Einsatz für die Zukunft des Landes die richtigen Weichen gestellt hat. Eine Antwort fällt mir schwer. Mit Blick auf den langfristigen Nutzen des Einsatzes für Afghanistan kann ich – wie vermutlich der Rest der an diesem Konflikt interessierten Welt – nur spekulieren.

Deutlich geworden ist mir, wie schwer die einzelnen Provinzen Afghanistans von Kabul aus zu kontrollieren sind. Wie schwer es ist, die vorhandenen lokalen Sicherheitskräfte langfristig zu Verbündeten der afghanischen Regierung zu machen.

Deutlich geworden ist auch, dass selbst die Region Kunduz nur mit einem massiven Kräfteeinsatz ansatzweise befriedet werden konnte. Und dass auch die Bundeswehr ohne die Hilfe der Amerikaner aus der Luft – medizinische

Versorgung durch die Blackhawk-Helikopter und Kampfunterstützung durch die AH-64-Apache-Kampfhubschrauber – schwerlich das erreicht hätte, was sie nun im Raum Kunduz erreicht hat.

Denn – und auch das gehört zu meiner Bewertung – die Region Kunduz macht Fortschritte. Nun kann man argumentieren, dass die Taliban-Führer in Pakistan nur den Abzug der internationalen Truppen 2014 abwarten, dass die Taliban sich zurückhalten, um Kräfte für ihre große Offensive nach Abzug von Bundeswehr und ISAF zu sammeln.

Tatsache ist aber auch, dass die Task Force Kunduz in vielen Gegenden – auch über Tage und Wochen – vor Ort war, die vor ein, zwei Jahren noch No-Go-Areas waren. Gebiete, in denen deutsche Soldaten 2009, 2010 immer wieder in Kämpfe verwickelt wurden. Gebiete, in denen deutsche Soldaten gefallen sind. In diesen Gebieten ist man nun – auch durch den Einsatz und die Opfer der Vorgänger-Kontingente – mit Vorposten der Bundeswehr und Stellungen der afghanischen Polizei präsent.

Wie nachhaltig diese Sicherheit ist, wird sich erst zeigen, wenn die ISAF Afghanistan verlässt. Davor ist alles Spekulation. Da stimme ich mit Jan-Uwe »Juwe« Schröder überein, wenn er sagt: »Ob dieser Krieg verloren ist oder nicht, werden wir erst wissen, wenn wir aus diesem Land wieder raus sind.«

Meiner Meinung nach geht es für die westlichen Staaten derzeit darum, die afghanische Zentralregierung in eine möglichst starke Position zu bringen. Aus dieser möglichst starken Position werden dann Verhandlungen für eine Rückkehr der Taliban in die afghanische Gesellschaft und in die afghanische Politik geführt werden. Je stärker die Position Kabuls, desto eher lässt sich das westliche Engagement am Hindukusch als Erfolg verkaufen. Von dem ursprünglichen Ziel des Bundeswehreinsatzes, wie es der Bevölkerung in Deutschland zu Anfang verkauft wurde, ist in jedem Fall nicht mehr viel übrig geblieben.

Ob der Einsatz die Opfer wert gewesen ist? Menschenleben lassen sich nicht aufrechnen. Eine Binse, aber wahr. Die Familien der Gefallenen werden zu Recht sagen, dass der Einsatz in Afghanistan nicht das Leben ihrer Söhne und Töchter wert war. Das gilt aus Sicht der Soldaten und ihrer Angehörigen insbesondere für die Zeit, als der Einsatz in Deutschland nicht Krieg genannt werden durfte, obwohl die Soldaten in Kunduz fast täglich Angriffen ausgesetzt waren. Damals ist viel Verbitterung entstanden. Zu wünschen bleibt, dass die Politik verstanden hat, dass sie in Zukunft frühzeitiger, ehrlicher und schonungsloser die Realitäten eines Auslandseinsatzes kommunizieren muss. Im gleichen Zug wird die Gesellschaft lernen müssen, diese Realitäten zu akzeptieren, auch wenn sie nicht bequem sind.

Die Anfänge dafür sind geschaffen: Es gab eine Debatte darüber, was Krieg ist, und darüber, ob deutsche Soldaten töten dürfen, und darüber, dass deutsche Soldaten getötet werden. Deutschland hat wieder »Gefallene« zu beklagen. Das ist schrecklich und traurig, aber wenn Deutschland Soldaten in den Auslandseinsatz schickt, muss seine Gesellschaft Tote auf beiden Seiten akzeptieren. Ist das gut? Nein. Ganz klar: Nein. Deshalb dürfen Einsätze der Bundeswehr im Ausland nur nach ausgiebiger Debatte in Volk und Bundestag beschlossen werden. Dieser Ansatz wäre ehrlicher als das Geschwurbele vom »humanitären Einsatz« zu Beginn des Afghanistan-Engagements. Ja, das wäre er. Und es würde den Realitäten des Einsatzes – die nur die Soldaten vor Ort ertragen müssen – um einiges gerechter.

Was bedeutet der Einsatz für die Bundeswehr? Oder auch: Sind Erfahrungen, ob nun gut oder schlecht, je vergebens?

Die Bundeswehr hat sich als Organisation durch den Einsatz ohne Frage weiterentwickelt. Wenn sie dafür steht, deutsche Interessen im Ausland – wenn nötig auch mit Waffengewalt (und letztlich ist eine Armee für ebendas konzipiert) – zu verteidigen, hat sie viel dazugelernt. Eine neue Bundeswehr ist entstanden. Eine, die gelernt hat, weltweit an internationalen Einsätzen mitzuwirken. Eine, die gelernt hat, gegenüber der Politik – mal mehr, mal weniger – unangenehme Realitäten zu formulieren. Leider häufig eher weniger, weil die »obere Führung« der Politik sehr nahesteht. Eine Bundeswehr, die in der Zukunft Offiziere mit Einsatz- und Gefechtserfahrung in Führungspositionen hat. All das wird die Bundeswehr auch kulturell verändern.

So betrachtet, hat der Afghanistan-Einsatz die Bundeswehr darauf vorbereitet, international mehr Verantwortung zu übernehmen. Er hat die Gesellschaft darauf eingestellt zu akzeptieren, dass ein Einsatz wie der in Afghanistan Tote bedeutet, tote Zivilisten (wie beim Angriff auf die Tanklaster und in einigen anderen Fällen), tote Taliban – und gefallene deutsche Soldaten (53 Bundeswehrsoldaten, Stand April 2012). Ob man den Einsatz oder das, was die Bundeswehr und wir als Gesellschaft durch ihn erfahren oder ertragen haben, akzeptiert, spielt im Endeffekt keine Rolle. Der Afghanistan-Einsatz war und ist noch immer Realität. Und so sehr es sich mancher wünscht, es wird nicht der letzte Einsatz gewesen sein. Deutschland ist nicht die Schweiz, und solange nicht Parteien die Regierung stellen, die heute bei 5 bis 10 Prozent liegen, wird die Bundesrepublik wohl auch in Zukunft ihrer internationalen Verantwortung nachkommen. Hoffentlich hat man durch

Afghanistan auch etwas Demut gelernt und formuliert die Ziele des Einsatzes mit Blick auf die zur Verfügung stehenden Mittel ehrlich und realistisch. Und entscheidet erst nach einer aufrichtig geführten Debatte, ob es sich lohnt, junge Männer und Frauen den Gefahren eines Kriegsgebietes auszusetzen.

Soweit meine beschränkte Meinung zu den großen Fragen.

Wie habe ich meine Zeit in Afghanistan erlebt?

Meine persönlichen Erfahrungen in diesen Monaten unter den Soldaten möchte ich nicht missen. Nicht meine gelegentliche Angst und nicht das Nachlassen der Angst, wenn alles gut gegangen ist. Nicht die Entbehrungen und nicht die Freude über kleine Annehmlichkeiten, wenn wir von »draußen« wieder »drinnen« im sicheren Feldlager waren. Nicht die Erkenntnis, wie sehr sich Maßstäbe verschieben. Auch nicht die Erfahrung, unter widrigsten Bedingungen zu improvisieren und sich ein erträgliches Lager für die Nacht zu schaffen. Ich möchte selbst die 15-Kilometer-Märsche bei 35 bis 40 Grad nicht missen. Die Erfahrung, nach 5 Kilometern aufgeben zu wollen – aber zu begreifen, dass dies kein Sportevent ist, ich nicht stehenbleiben kann, ich weiter muss. Mit Schutzweste, mit Helm, Rucksack und Kamera. Zu sehen, dass die Soldaten noch mal mehr schleppen als man selbst, und einfach hinterher zu marschieren, auch wenn jeder Muskel schmerzt. Am Ende hat man es durchgehalten, nicht weil man konnte, sondern weil es keine Alternative gab.

Auch Afghanistan zu sehen und zu erleben – dieses wunderschöne, harte Land. Mit seinen anrührenden Kindern, seinen kämpferischen Männern und seinen tragischen Frauen. Auch das möchte ich nicht missen.

Das Gefühl, wieder zu Hause zu sein und ein sauberes Bett, ein innig vertrautes Mädchen und einen entspannten Abend auf dem eigenen Sofa vor dem Fernseher als unglaublichen Luxus zu empfinden – das möchte ich nicht missen.

Und – ich weiß, ich werde ein wenig zu groß in meinen Worten, aber ich habe es noch nie so heftig empfunden wie kurz nach meiner Zeit in Afghanistan – ich empfinde eine tiefe Dankbarkeit dafür, in einem Land zu leben, in dem Frieden herrscht.

Was ich auch nicht missen möchte, sind die Sprüche der Soldaten, mit denen sie von Heimweh über Bedrohungsszenarien bis zur Technik des Kackens im Felde die Einsatzrealität um sich herum kommentiert und so für sich – und auch mich – erträglich gemacht haben.

Natürlich haben sie sich diesen Beruf selbst ausgesucht und sich dafür entschieden, ihrer Einheit in den Einsatz zu folgen – auch im Bündnisfall nicht zu kneifen, selbst wenn es nach Kunduz geht. Ich muss also nicht in Mitgefühl für sie bei harten Einsatzbedingungen schwelgen. Da müssen Soldaten durch. Dafür sind sie da. Auch das mussten deutsche Soldaten durch den Einsatz in Afghanistan lernen. Sie haben es sich bei anderen Nationen im Einsatz abgucken können – die Selbstverständlichkeit, als Soldat gefährliche Aufträge, mieses Essen, schwachsinnige Befehle, schlechtes Wetter und eine undankbare Gesellschaft zu Hause als gegeben hinzunehmen.

Was mich überrascht hat, war, wie sie ihren Humor in den sechs Monaten durchgehalten haben. Denn jenseits der, im Wortsinn, todernsten Lage gab es immer wieder Situationen mit einer mehr oder weniger freiwilligen Komik.

Wenn zwei müde, genervte Soldaten sich aufmachen zur

nächsten »Raumverantwortung« und dabei in der gespielt gestelzten Tonlage von zwei höheren Beamten auf dem Weg in ihre Behörde nach dem werten Befinden des jeweils anderen fragen, ist das Slapstick à la Kunduz.

Und auch ich habe Ähnliches erlebt wie Omid Nouripour *(Sprecher für Sicherheitspolitik bei Bündnis 90/Die Grünen)*, wenn er davon berichtet, wie lustig es ist, wenn ein Kommandeur vor Beginn eines Interviews mit seinen Soldaten deren »hervorragende Moral bei der Auftragserfüllung« betont und dann der erste Soldat das Gespräch mit »Ich bin täglich da draußen bei irgendwelchen schwachsinnigen Operationen« beginnt. Der folgende Gesichtsausdruck des Kommandeurs hat dann durchaus etwas unfreiwillig Komisches.

Und wenn »Juwe« Schröder, der Chef unseres Dingo-Quartetts, die zu Silvester als Böller-Ersatz entzündeten Wunderkerzen »schwul« nennt, ist das böse ehrlich und trifft es politisch unkorrekt auf den Punkt. Das lautloseste Silvester meines Lebens – und das in Kunduz, Afghanistan. Ich möchte es nicht missen.

Durch meine Zeit in Kunduz habe ich eine Ehrlichkeit und Wahrheit aus Sicht der Soldaten über den Afghanistan-Einsatz kennengelernt, die ich aus Statements von Politikern und selbst aus den aufrichtigsten und journalistisch hochklassigen Berichten aus Afghanistan nicht kannte. Aber es ist auch immer etwas anderes, etwas selbst zu riechen, zu schmecken und zu erleben, als darüber zu lesen oder es im Fernsehen zu sehen. Ich hoffe, dass ich etwas von dieser Offenheit, die mir die Soldaten entgegengebracht haben, und einen Teil meines Erlebens in diesem Buch vermitteln konnte. Es ist, wie gesagt, eine Perspektive von vielen, die der deutschen Soldaten, die der Task Force Kunduz von Juli 2011 bis Januar 2012. Und innerhalb dieser ist es natürlich auch nur meine Perspektive.

Nicht mehr, aber auch nicht weniger.

Foxtrott 4 nach dem Einsatz

Jan-Uwe »Juwe« Schröder ist als Berufssoldat weiterhin bei der 3. Kompanie in Munster stationiert. Er wird voraussichtlich innerhalb der nächsten zwei Jahre wieder in den Auslandseinsatz gehen.

Matthias »Asterix« Chill hat seine Freundin geheiratet. Seine Dienstzeit endet in eineinhalb Jahren. Er wird an keinem Einsatz mehr teilnehmen.

Thorsten »Totti« Körner ist schon mit Bewerbungen für einen »zivilen« Job beschäftigt. Er hat noch immer keine Waschmaschine.

Daniel »Gina« Wild hat eine neue Freundin. Auch er wird seinen Vertrag als Zeitsoldat nicht verlängern.

Pepsi und Cola – die beiden Hunde – wurden, als die Höhe 432 von der afghanischen Armee übernommen wurde, in das Polizeihauptquartier gebracht. Das neue Kontingent deutscher Soldaten hat die beiden adoptiert.

Dank

An erster Stelle danke ich meiner Freundin Anna dafür, dass sie meine langen Abwesenheiten akzeptiert und diese auch für sie belastende Zeit mit mir durchgestanden hat.

Meinen Eltern danke ich für ihre Nervenstärke und die liebevolle – auch kulinarische – Unterstützung. Meinem »einzigen« Patenonkel Dank dafür, dass er mich als kleinen Jungen mit seinen Berichten über die Welt außerhalb der »Wohlfühlzone« gewissermaßen infiziert hat. Und Michael Jürgs – für seine Unterstützung.

Großer Dank gebührt meiner Produzentin Vanessa Nöcker von 514-Film, die Vertrauen in mich setzte und von der ersten Idee bis zur Fertigstellung an das Projekt geglaubt hat – auch in einer Zeit, in der Afghanistan als Thema nicht besonders populär war.

Meinem Verleger Johannes Jacob, meiner Lektorin Eva Rosenkranz und dem gesamten Team bei C. Bertelsmann danke ich für ihre klugen Anregungen und den sanften Druck, ohne den dieses Buch kaum beizeiten fertig geworden wäre.

Bei der Bundeswehr möchte ich mich für die Bemühungen des Presseinformationszentrums Heer bedanken – und ganz besonders bei Oberstleutnant Siegfried Houben, Oberleutnant Christian Langhardt und dem Oberstabsfeldwebel Christian Kaiser.

Aber ohne die Freundschaft und Akzeptanz der Männer

der 3. Kompanie der Panzergrenadiere aus Munster wäre dieses Buch in dieser Form nie entstanden.

Danke: für euren Humor, eure Sprüche, eure Offenheit und eure Einsichten, das schlechte Essen, den Ratschlag, auf »stumpf« zu schalten, und dafür, dass ihr einen »Zivilisten« bei euch aufgenommen habt.

Register

Abzugsstrategie 71, 168
Afghanische Sicherheitskräfte → LSF-Kräfte
Afghanistan 12 ff., 24 ff., 44 ff., 53 f., 80, 91 ff., 110 ff., 130 f., 144, 160 ff., 176 ff., 190 ff., 201 ff.
Afghanistan-Krieg 17, 73
Air Weapons Team 94, 127
AK-47 39
Alltag 14, 103
Altmarkt; Truppenübungsplatz 22, 29 f.
Amerikaner 43
Amos, James F.; Lt. General 19
ANA (Afghanische Armee) 18, 39, 53, 74 ff., 120 ff., 136 f., 146 ff., 153, 168, 170, 194, 198 ff.
ANCOP 172
Angst 15, 25, 49 f., 61, 69, 71, 127, 136, 154, 205
ANP (Afghanische Polizei) 18, 27, 39, 53, 63, 66, 70, 79, 89 ff., 120 f., 125, 137, 146, 151 ff., 181 f., 194, 197, 200, 202
Apache-Kampfhubschrauber 43, 48, 94, 126 f., 202
Area 51 32
ATF-Dingo 38
Aufbau, ziviler 11, 19, 168, 199
Aufbauarbeit → Aufbau, ziviler
Aufklärungsmittel 26
Augustyniak, Martin; Hauptgefreiter 44
Auslandseinsatz 11, 17, 32, 38, 203, 209
Außenposten 39, 42, 47, 60, 65, 70 ff., 84 ff., 92 ff., 112, 146 f., 154 f.
AVZ (Auslandsverwendungszuschlag) 130

Bachert, Sebastian; Hauptfeldwebel 34, 48, 50, 57, 124, 139 ff.
Baghlan 45, 171
Bagram 82
Bin Laden, Osama 96
Blackhawk-Hubschrauber 201
Blauhelm-Mission 17
Blitzschlag 38

Blutgruppen 56
Bruns, Nils; Hauptfeldwebel 44
Build-Phase 20
Bundeswehr 11, 23, 29 ff., 37 ff., 50, 69, 79, 81, 91, 110, 119, 126, 165, 202, 204
Bundeswehr-Humor 63
Bürgerkrieg 73, 201
Bürokratie 19

C53-Transporthubschrauber 82, 151
Chahar Darreh, Region 21, 26, 39 f., 48, 68, 78, 85 f.
Chahar Darreh, PHQ (Polizeihauptquartier) 12, 63 ff., 73 f., 76, 81 ff., 116, 133, 138, 144, 146, 180, 209
Chill, Matthias »Asterix«; Stabsgefreiter 30, 42, 49, 56, 62 ff., 87, 90 ff., 100 ff., 117, 121 ff., 131 f., 138, 148, 150 ff., 161, 173 ff., 179 f., 183 ff., 188, 192, 194, 209
CIMIC (Civil-Military Co-operation) 76
CIP → LSF-Kräfte
Clear-Phase 19 f.
Cola (Hund) 105, 209
COP (Combat Outpost) → Außenposten
Counterinsurgency 166
Counterinsurgency Field Manual 19 ff., 168
Cusack, John 31

Dammbruch 38
Dankbarkeit 206
Day-Pack 173
Demokratie 193, 197, 200
Demut 205
Deutschland 27, 48, 54, 95, 112, 159, 179
Dienstpflicht 161
Dingo-Radpanzer 11 ff., 16, 42, 47, 61 f., 71, 117 ff., 147 f., 157, 171 ff.
Diplomatie 79
Disziplin 54, 107
Dixi-Toiletten 64, 86, 180, 182
Döring, Patrick 81
Dummheit 55

Ehrenhain 46 f., 57 f., 61, 84, 107, 111, 117, 191
Ehrlichkeit 207
Einsatzrealität 203 f., 206
Eintönigkeit 103
Eltern 54, 117, 130 f.
Emotionen 113
EODs (Explosive Ordnance Disposal) 12, 39, 71, 120, 125 ff., 181, 186
EPa (Einmannpackung) 30, 39, 87, 91, 138, 150, 192
Erdbeerkörbchen → Mungo-Jeeps

Fäkalien 46
Familie 24 f., 35, 56, 80, 133, 144, 176, 187, 189
Fayzabad 82

Feigheit 50
Feldbetten 64, 148 f.
Feldpost 120
Fennek-Spähfahrzeug 139, 151
Flugbegleiterinnen 32, 81
FLW (Fernbediente Leichte Waffenstation) 62
Foxtrott 4 11 ff., 42, 48, 60, 65, 84 ff., 108, 113, 117, 129, 131, 136, 141, 155 ff., 174, 185, 188, 196
Foxtrott-Zug 11, 41, 118, 147, 163, 180 f.
Frauen 81, 99
Freizeit 84
Freude 96, 205
Freundschaft 159
Friedenserzwingender Einsatz 17
Fuchs Transportpanzer 13, 38, 147
Führungsprinzipien 27

G 36 38
Gabriel, Sigmar 81
Gefahr 12, 61
Gefechtsausbildung 25
Gehörschutz 61, 82, 85, 92 f., 121
Gesprächsaufklärung 124, 155, 163, 185
Gestank 15
Glatz, Rainer; Generalleutnant 58
Glaube 35
Grönemeyer, Herbert 160
Grundbetrieb 25
Guttenberg, Karl-Theodor zu 44, 119

Hartert, Robert; Stabsgefreiter 44
Hauptbahnhof-Lummerland 37
Hausdurchsuchung 153
Heimreise 192f
Heißluftballon 44, 116
Hesco-Barriers 37, 65, 86
Hilfsgüter 19
Hindenburg → Heißluftballon
Hindukusch 36
Hitze 15
Hochwasser 38
Hoffnung 25
Höflichkeit 76, 78, 186
Höhe 432 84ff., 92ff., 103, 112 ff., 121 ff., 146, 180
Hold-Phase 19 f.
HUMINT 72
Humor 206

IEDs (Improvised Explosive Devices) 12 f., 25 ff., 42, 51, 55, 61 f., 68 f., 71 ff., 85, 108 ff., 119 ff., 139 ff., 151, 164, 169, 171 f., 182 ff.
Illum-Leuchtgeschoss 92, 139 f.
Impfliste 31
Informationsgewinnung 72
InstKp (Instandsetzungskompanie) 110

IRF-Alpha (Immediate Reaction Force) 68
Isa Khel 45, 116 ff., 121 ff., 129, 141, 193
ISAF (International Security Assistance Force) 17 ff., 75 ff., 82, 114, 122, 143, 147, 165, 170 f., 199 f.
Isensee, Andreas; Hauptfeldwebel 41, 68, 71, 84, 86, 116 f., 119, 124 f., 150 ff., 172, 178

J2 (Abteilung für Nachrichtenwesen) 60

Kabul 36, 82, 183, 199 ff.
Kameradschaft 27, 169 ff., 192
Kandahar 82
Karfreitag 2010 118 f., 141
Killzone 55
Kinder 49 f., 63, 70, 77, 117, 125, 135, 185 f., 189, 205
Kissinger, Henry 197 f.
Kleiderordnung 41, 105
Klimaanlage 43, 60
Kneip, Markus; Generalmajor 45
Kobelew, Alexej; Oberstabsgefreiter 45
Köhler, Horst 17
Körner, Thorsten »Totti«; Stabsgefreiter 30, 41 f., 56, 62 ff., 70, 87 f., 95 f., 105, 129 ff., 148 ff., 154 ff., 175, 179 f., 183, 191 ff., 209
Korruption 137, 184
Krieg 15, 87, 142, 183, 194, 202
Kuddels 50
Kuddl-Kostüm 131 f.
Kuhn, Lutz; Oberstleutnant 57, 74, 77, 122, 146, 165
Kulissenanordnungen 30
Kulturschock 81, 190
Kunduz, Region 11 ff., 26, 33 f., 36, 40 ff., 68, 71, 80, 90, 109, 141, 146, 151, 180, 183, 199, 200, 202 f.
Kunduz-Airfiled 35 f.
Kunduz-Fluss 48, 87
Kunduz-Stadt 61 f., 117
Kunduz-Tal 48, 165
Kunduz, Feldlager 16, 37, 41 ff., 60, 81, 90, 95 f., 106 f., 112, 116 ff., 125 ff., 144 f., 157 ff., 165, 175, 188 f.
Kurat, Georg; Hauptgefreiter 21

Lagenstein, Tobias; Hauptfeldwebel 45
Lärmpegel 43
Lichtdisziplin 92
LOC (Line of Communication) 60
LOC Cherry 68 f., 139
LOC Taurus 68
Londoner Afghanistan-Konferenz 20
LSF-Kräfte 18 ff., 37, 39, 70 ff., 77, 91 f., 120 ff., 127 f., 155, 168 f., 198, 200 f.
Lufthansa 32

Luftunterstützung 43
Lustlosigkeit 157
Marder 1A5 45
Marder-Schützenpanzer 47, 69, 85, 111, 119, 147, 173
Marmal-Gebirge 81
Massoud, Ahmad Shah 72, 164
Mazar-i Sharif 15, 81, 83, 151, 172, 199
Menschenrechte 197
Menz, Konstantin Alexander; Stabsgefreiter 21
Merkel, Angela 95
Milan-Boden-Rakete 50 f.
Militärische Strategie 18 f.
Minenverriegelung 61
Misstrauen 67, 123, 196
Missulia, Georg; Hauptfeldwebel 21
MMR-Test 31
Mörserangriffe 45
Motivation 26f, 80
MRE (Meal, Ready-to-Eat) 91
Mungo-Jeeps 36 f.
Musik 158
Mut 28, 49, 55 ff.

NATO 17, 46, 58, 86, 93, 109
NATO-Abkürzungen 38 f.
NATO-Alphabet 42
Nawabad 146 f., 149 ff., 163, 181, 193
Nazgul; Hubschrauber Einheit 83
Neutralität 109, 112 f., 115
OP North; Stützpunkt 21, 27

Pakistan 90, 127, 170, 202
Pakul 75
Panzerfaust 73, 92, 190
Panzergrenadierlehrbataillon 92 36 f.
Panzerhaubitze 44, 119
Partnering 19 ff.
Paschtunen 164
Patientenverfügung 54
Patronenhülsen 49 ff.
Patrouillen 11, 15 f., 30, 42, 47, 63, 76 f., 136, 147, 163, 167, 171, 174, 182, 185, 191, 194
Paul, Hauptmann (auch Yankee 10) 71 ff., 127, 163, 167ff., 185, 200
Pepsi (Hund) 105, 209
Personalführung 25
Petraeus, David H.; General 18 f., 71, 196
Politik 81, 110, 115, 203 f., 207
Post 84
Privatsphäre 64
PRT-Kunduz 37, 41 ff., 52, 56, 97, 107, 157, 172, 175

Raketen → Raketenangriffe
Raketenangriffe 44 f., 116 ff., 125, 126
Raumverantwortung 47, 60 ff., 129, 157, 165, 207
Reichelt, Julian 198 f.
Respekt 26, 164

RPG (Rocket Propelled Grenade) 173
Rücksicht 160 f.

Safe House 147 ff., 152, 163 f., 171, 173, 180 ff.
Salzwasser-Augentropfen 44
Sandsäcke 86
Sanitäter 86, 90 f., 94, 96, 181
Schellenberger, Dominic; Hauptmann 12, 30, 34 ff., 49, 57, 74 ff., 91, 108 ff., 121 ff., 142, 149, 155, 175 f., 186
Schröder, Jan-Uwe »Juwe«; Oberfeldwebel 12, 29 ff., 34, 42, 49, 53 ff., 60 ff., 71, 74, 84 ff., 94 ff., 104 ff., 117 f., 121, 131 f., 138 f., 141, 148 ff., 157 ff., 160, 163 ff., 172 ff., 180 f., 187, 191, 202, 207, 209
Schura 74, 77 f., 197
Selbstmordattentäter →Suicider
Shape-Phase 19
Sicherheit 52, 54, 64, 78, 107, 126, 144
Sicherheitsbestimmungen 47
Sicherheitsrat 17
Sicherheitsverantwortung 94
Silvester 176, 181, 207
Soldatenehe 23
Soldatengesetz 161
Sonnenbrillen, splitterfeste 61, 85
Sorgen 25
Spaß 27
Spieß Icks 84, 108, 131, 144, 138, 188
Splitterschutzweste 36, 65, 92, 82, 85, 100, 121, 127, 139
Sprachmittler 49 ff., 70, 74 ff., 86, 104, 124 ff., 139, 164, 167, 169, 182, 185, 189
Sprengstoffbeseitiger →EODs
SPZ-Marder 38
Stabilisierung 17
Staub 15, 44, 57, 88
Suicider 39, 60 f.

TAA (Tactical Assembly Area) 148
Tachar 45
Taliban 63, 67, 72 ff., 85, 110, 119, 122 f., 126, 135, 137, 146, 164 ff., 183 f., 194, 198, 203 f.
Taliban-Anführer 76, 90, 202
Taliban-Regierung 37
Tapferkeit 55
Tapsies 45, 49
TARP 148, 173
Task Force 47 90, 140
Task Force Kunduz 11, 16, 18, 21, 30, 47, 49, 57 f., 69, 74, 78, 113, 125, 146, 165 f., 202, 208
Task Force Mazar-i Sharif 172
Täuschkörper 83
Termez 32, 192
Testament 54
Tholl, Thomas; Major 45
TIC (Troops in Combat) 38

TOC (Tactical Operations Center) 47
TPZ-Fuchs → Fuchs-Transportpanzer
Transall 34, 37, 81, 193
Tugend, soldatische 161

Überforderung 20
Übergabeappell 57 f., 60
Überwachung 30
Ungeziefer 15
US Marine Corps 24
US-Armee 43, 82, 96, 112
Usbekistan 32

Veränderung 159
Verantwortung 35, 53 f., 88, 107, 110
Verantwortung, internationale 204
Vereinte Nationen 17
Verpflegung 30
Vertrauen 164
Völkerrechte 110
Vorausbildung 25
Vorurteile 31

Waffen 47, 56, 61, 70 ff., 110, 147 f.
Waffen-Rückgabe 192
Waffen-Einschießen 48
Wagenburg 173
Wahnsinn 55
Weihnachten 176 ff., 181
Wertschätzung 175
Westplatte 47 f., 89, 147, 151
Wiederaufbau 17
Wild, Daniel »Gina«; Obergefreiter 30, 42, 48, 51, 62 ff., 81, 87 f., 101 ff., 121, 129, 148 ff., 155 ff., 166, 172 ff., 185 f., 209
Wüste 48

Zensur 14, 114
Zigaretten 97
Zivilbevölkerung 19, 40, 48, 67, 152, 200
Zivilisten → Zivilbevölkerung
Zusammenarbeit 27
Zusammenarbeit, zivil-militärische → CIMIC
Zwei-Dosen-Regel 32
Zweifel 53

Bildnachweis

Marcel Czechan, www.sucherautist.de:
13 bis 25, 27 bis 32, 34 bis 63

Jonathan Schnitt: 1 bis 10, 26, 33, 64, 66

Privatarchiv: 11, 12, 65